Tomáš Halík

Das Geheimnis der Weihnacht

Tomáš Halík

Das Geheimnis der Weihnacht

Advents- und Weihnachtspredigten voller Hoffnung

Aus dem Tschechischen von Markéta Barth

FREIBURG · BASEL · WIEN

*Dieses Buch widme ich den mutigen Verteidigern
der freien Ukraine gegen die russische Aggression.
(AD 2022)*

Titel der Originalausgabe: *Procitají andělé.
Adventní a vánoční kázání v neklidné době*
© Tomáš Halík 2022

© Verlag Herder GmbH, Freiburg im Breisgau 2023
Alle Rechte vorbehalten
www.herder.de

Die Bibelverse wurden, soweit nicht anders angegeben,
folgender Ausgabe entnommen:
*Die Bibel. Die Heilige Schrift
des Alten und Neuen Bundes.
Vollständige deutsche Ausgabe*
© Verlag Herder, Freiburg im Breisgau 2005

Einige Bibelverse wurden vom Autor frei übersetzt.

Umschlaggestaltung: Verlag Herder
Umschlagmotiv: Interieur der Salvatorkirche,
Klementinum, Prag – © Martin Staněk
Vignetten im Innenteil: © pingebat/shutterstock,
© Maksym Drozd/shutterstock

Satz: Carsten Klein, Torgau
Herstellung: GGP Media GmbH, Pößneck

Printed in Germany

ISBN Print 978-3-451-39561-1
ISBN E-Book (EPUB) 978-3-451-83952-8

Inhalt

Auf dem Weg des vierten Königs	9
Richtet euch auf und erhebt eure Häupter	19
Predigt für den ersten Adventsonntag	
Tauet, ihr Himmel, von oben	31
Predigt für den zweiten Adventsonntag	
Freude und Hoffnung	37
Predigt für den dritten Adventsonntag	
Das Menschsein als Gabe und Aufgabe	49
Predigt für den vierten Adventsonntag	
Freude für alle	57
Das Hochfest der Geburt des Herrn – Predigt bei der Mitternachtsmesse	
Der Weihnachtswunsch Gottes	65
Das Hochfest der Geburt des Herrn – Predigt bei der Morgenmesse	
Werden wir zum Geschenk	71
Das Hochfest der Geburt des Herrn – Predigt bei der Tagesmesse	

Familie für alle 77
Predigt am Festtag der Heiligen Familie

Vermenschlichung und Vergöttlichung 91
Predigt am zweiten Sonntag nach der Geburt des Herrn

Für Gott ist nichts unmöglich 99
Hochfest der Gottesmutter Maria –
Predigt zum Beginn des Kirchenjahres

Das Licht zur Erleuchtung der Völker 107
Predigt zum Fest der Erscheinung des Herrn

Das Geschenk der christlichen Freiheit 117
Predigt zum Fest der Taufe des Herrn

Weihnachten 1970

Advent. Vierter Sonntag.
Die Engel erwachen.
Steht auf mit uns, rufen sie.
Von den Feldern, aus den Wäldern, aus den Ställen.
Lasst uns gehen, wir haben nichts mitgebracht.
Die nackte Handfläche umschließt die Krippe.
Sie ist nicht kalt, sie wärmt nicht
Die leeren Hände der Hoffnung.
Sie kühlt nicht, sie brennt nicht.
Wir haben nicht gegeben, wir haben nicht genommen.
Aber irgendwo ruft jemand.
Von den Wolken, einem Stern, einem Stein, von unten?
Die Handfläche ist leer. Der Kopf ist unsicher
… in den Händen des Jesuskindes.

(Bohuslav Reynek)

Auf dem Weg des vierten Königs

Die zwei größten christlichen Feste – Weihnachten und Ostern – werden, wie es die Namen schon andeuten, vor allem nachts gefeiert: in der Heiligen Nacht von Weihnachten und in der hochheiligen Nacht des österlichen Sieges Jesu über den Tod.

Der Tag und die Nacht sind zwei verschiedene Erfahrungsweisen der Welt. Das Tageslicht reicht dazu aus, unsere alltäglichen Angelegenheiten zu erledigen. Jedoch erst wenn die Sonne untergeht und wir unsere Augen zum nächtlichen Sternenhimmel erheben können, sehen wir, dass alles, was wir am Tag wahrgenommen haben, die ganze uns vertraute Welt – und auch unser ganzer Planet – nur ein unscheinbares Bruchstück eines Ganzen ist, das uns unendlich übersteigt.

In einer ähnlichen Weise ist alles, was der beschränkten Kapazität unserer Sinne, unserer Vernunft und unserer Vorstellungskraft zugänglich ist, nur ein unscheinbares Bruchstück unserer materiellen und geistigen Welt. Jenseits der Macht unserer Worte und Begriffe, unserer philosophischen, wissenschaftlichen und religiösen Theorien, hinter allem Erkannten und Erkennbaren bleibt eine unerschöpfliche Tiefe des Geheimnisses.

Das Wort *Geheimnis* bedeutet nicht, dass unserem Denken der Zugang verboten ist. Im Gegenteil: Das Geheimnis lädt zu einer stets tiefer gehenden Suche ein, es lässt eine Menge verschiedener Auslegungen zu, die im Verlauf der Geschichte ergänzt und verändert werden – die jedoch nie alles umfassen und ausschöpfen können: *das Geheimnis hat keinen Grund.*

Unsere gewöhnliche Alltagswahrnehmung ist auf die Lösung von *Problemen* ausgerichtet: Ein Problem können wir lösen und mit ihm fertig werden. Mit einem *Geheimnis* können wir jedoch nie fertig werden. Die großen Geheimnisse des Lebens – und besonders die Geheimnisse des Glaubens – kann man nicht in derselben Weise wie Probleme angehen; wir können nicht erwarten, sie zu »lösen«. Der Glaube ist nicht nur der Mut, in die Wolke des Geheimnisses einzutreten, sondern auch die Kunst, mit dem Geheimnis zu leben und es zu respektieren. Das Wort Respekt ist vom Wort *re-speculare* abgeleitet – noch einmal hinsehen oder sich nicht mit einer oberflächlichen, ersten Auffassung zufrieden zu geben, sondern zurückzugehen, immer wieder und tiefer wahrzunehmen, zu betrachten, zu suchen.

Das Geheimnis inspiriert und bereichert uns fortwährend, gleichzeitig leitet es zu Geduld und Achtsamkeit und vor allem zu Offenheit und Demut.

***

Es gibt Momente, in denen dieses Geheimnisvolle und Unergründliche mit seiner Unbegreiflichkeit unsere Sicherheiten umstößt und uns erschreckt. Vor allem in den letzten Jahren ist die Welt unserer alltäglichen Erfahrung immer wieder auf eine harte Probe gestellt worden. Unerwartete Veränderungen betreffen alle Lebensbereiche und erschüttern viele der gewohnten Sicherheiten. Nach einer langjährigen Krise der traditionellen religiösen und metaphysischen Sicherheiten kam es zu einem Kollaps der modernen Sicherheiten des säkularen Humanismus und des neuzeitlichen Vertrauens in die Allmacht des wissenschaftlich-technischen Fortschritts. Es reichte ein für die Augen unsichtbares Virus, um viele unserer Vorstellungen über die Welt, über die menschliche Existenz, sogar bestimmte religiöse Vorstellungen zum Einsturz zu bringen. Vielleicht zum ersten Mal in der Geschichte tauchte eine Bedrohung auf, die zeitgleich einen globalen, weltumspannenden Charakter hatte.

Nicht wenige Menschen verfielen in Panik und reagierten pathologisch. Viele Menschen starben, weil sie Verschwörungstheorien glaubten und sich gegenüber ihrer Gesundheit und dem Leben ihrer Nächsten unverantwortlich verhielten. Im religiösen Bereich kam es zu einem weit verbreiten Rückfall in abergläubische und magische Praktiken. Manche Prediger belebten wiederum das pathologische Bild eines rachsüchtigen, zornigen Gottes wieder und machten ihn zum Verbündeten in ihren Kulturkriegen: Sie kennen die Gedanken Gottes, sie wissen, wer es verdient, bestraft zu werden, wer Gott verärgert hat, wer an all dem Schuld ist.

Gleichzeitig können die tragischen Erfahrungen unserer Zeit aber auch eine Anregung auf dem Weg zu tieferem religiösem Nachdenken sein. Wieder einmal haben wir erlebt, dass unsere Welt trotz aller zivilisatorischer Errungenschaften nicht vollkommen und sicher ist und dass das menschliche Leben in ihr sehr verletzlich ist. Das Böse und das Leid in der Welt ist für mich kein Argument gegen den Glauben. Eher im Gegenteil: Wenn es in der Welt kein Böses und kein Leid gäbe, wenn unsere Welt vollkommen wäre, wäre sie schon selbst Gott und wir hätten keinen Grund, nach Gott zu fragen und ihn zu suchen. Die Frage nach Gott, nach dem letzten Sinn, bleibt. Viele Antworten – und auch viele traditionelle religiöse

Antworten – befriedigen und überzeugen die Menschen unserer Zeit nicht.

Wo soll man aber jenes alles übersteigende *Geheimnis* suchen, das die Antwort auf unsere Sehnsucht nach dem Sinn darstellt, auf unsere Sehnsucht nach dem Licht in allen Finsternissen des Lebens? Das Evangelium lehrt uns, Gott an einem anderen Ort zu suchen als in einem fernen Weltdirektorenzimmer oder in Naturkatastrophen. Wir können auf ihn auch nicht die Verantwortung für die Tragödien der Geschichte abwälzen, die von der menschlichen Bosheit verursacht wurden. Die christliche Antwort auf die Frage nach Gott lautet: *Ubi caritas et amor, Deus ibi est.* Wo die Güte und die Liebe wohnt, dort wohnt Gott.

Suchen wir auch in den Finsternissen der Welt und der Geschichte *die Funken der zwischenmenschlichen Liebe und Solidarität*, weil diese die Funken aus jenem Feuer sind, das Gott ist. Das Weihnachtsevangelium sagt uns, dass sich die Macht seiner Liebe sehr oft in unscheinbaren, vermeintlich machtlosen und leicht übersehbaren Wirklichkeiten offenbart – wie dem Kind im Stall vor der Stadt.

***

Zur Pandemie kam im Februar 2022 der Krieg in der Ukraine hinzu.

Der russische Diktator Vladimir Putin, der Hitler unserer Zeit, legte aus Angst, dass die osteuropäischen »Farbenrevolutionen« auch in Russland die Sehnsucht nach Freiheit und Demokratie wecken könnten, der russischen Nation eine gefährliche Droge vor: eine verhexende messianische Vision eines

Auf dem Weg des vierten Königs

Dritten Reiches Moskaus, eines wieder expandierenden russischen Imperiums. Dieses Lied kennen wir bereits aus der alten Geschichte Russlands: Das erste Rom fiel, das zweite Rom – Konstantinopel – ebenfalls; der dritte und endgültige Mittelpunkt der Welt ist und bleibt für immer Moskau. »Četvjortovo nět« – ein weiteres, viertes Rom wird es nie geben!

Von der laxen Reaktion des Westens auf die Annexion der Krim ermutigt hat sich Putins Russland faktisch zu einem Genozid an der Ukraine als souveränem Staat entschlossen. Es will sie verschlingen, von der Landkarte tilgen. Russland brach allem Anschein nach alle Normen des Völkerrechts und die fragile Architektur der politischen Kultur eines friedlichen Zusammenlebens, das seit Ende des Zweiten Weltkrieges trotz großer Schwierigkeiten errichtet wurde.

Der demokratischen Welt wird erst langsam klar, dass es nicht nur um einen lokalen Konflikt an der östlichen Grenze Europas geht, sondern um einen Konflikt von globaler Bedeutung. Wenn es Russland gelingen sollte, den mutigen Widerstand der Ukrainer zu brechen, und die Welt dies lediglich zur Kenntnis nehmen würde, dann wäre das eine Ermutigung für alle Diktatoren und Aggressoren auf der ganzen Welt zur totalen Diskreditierung des Westens mitsamt all seiner deklarierten Werte. Der langjährige hybride Krieg der russischen Propaganda ist zu einem heißen Krieg in der Ukraine und zu einem globalen Wirtschaftskrieg eskaliert, was Hungersnot und weitere Massenmigration in armen Ländern auslösen kann. Nun erpresst Russland die Welt mit der Drohung, Atomwaffen einzusetzen. Wirtschaftliche, soziale, politische, aber auch moralische und geistige Folgen der russischen Aggression beginnen erst allmählich sichtbar zu werden. Wie auch immer der Krieg in der

Ukraine ausgeht, die Welt wird nicht mehr dieselbe sein wie vorher. Die prophetischen Worte von Papst Franziskus haben sich erfüllt, dass ein »fragmentierter Dritter Weltkrieg« begonnen hat.

In Zeiten wie diesen mag es scheinen, als ob alles, was wir mit Advent und Weihnachten verbinden – Frieden, Freude, Zärtlichkeit und Geborgenheit –, wie eine Schneeflocke in der warmen Hand zerschmilzt.

Die Botschaft der Feiertage, mit denen wir an das verborgene, anonyme Eintreten Gottes in unsere Welt und in unsere Geschichte erinnern, ist aber reicher, als es uns auf den ersten Blick erscheinen mag, und sie hat jedem Zeitalter etwas zu sagen, auch unserem eigenen.

Im Evangelium des ersten Adventssonntags heißt es: Selbst wenn die Menschen um euch herum vor Angst vergehen, lasst euch nicht von der Angst beherrschen: »richtet euch auf und erhebt eure Häupter!« (Lk 21,28). In der Finsternis scheint schon ein Licht, das die Finsternis nicht ergreifen kann.

***

Seit vielen Jahren feiere ich am Festtag der Erscheinung des Herrn die Messe in einer Bergkapelle. Alle Teilnehmer des Gottesdienstes sind Pilger, die von nah und fern kommen. Durch eine verglaste Wand der Kapelle kann man den Sonnenuntergang sehen, der den Himmel und die verschneite Berglandschaft mit allen Schattierungen färbt: Gold, Rot, Blau und Violett. Wenn wir das Evangelium von den Weisen lesen, die vom Stern geführt werden, ist der Himmel meistens schon dunkel und es erscheinen an ihm die ersten Sterne.

Auf dem Weg des vierten Königs

Letztes Jahr habe ich die Geschichte des Matthäusevangeliums in der Predigt um eine Apokryphe ergänzt – so, wie sie sich in der Novelle des russischen Schriftstellers Nikolai Leskow findet. Dieser zufolge gehörte zu den drei Weisen, die sich auf den Weg machten, um den neugeborenen König der Juden zu suchen – und wir können ihnen im Geist der Volkslegenden, welche die Evangelienerzählungen weiterentwickelt haben, eine königliche Würde zusprechen –, noch ein vierter Weiser, ein vierter König.

Auch er begab sich auf den Pilgerweg zum königlichen Kind und trug zahlreiche wertvolle Gaben bei sich. Auf dem Weg wurde er jedoch durch das Schicksal aufgehalten – er begegnete verschiedenen Gestalten des menschlichen Leids, und bei jeder Begegnung hat er etwas aus seinen Schätzen hergeschenkt. Er bezahlte Kohle zum Heizen für eine frierende arme alte Frau, eine Speise für hungernde Kinder, Medikamente für einen Kranken, und zu guter Letzt kaufte er einen Notleidenden aus der Sklaverei frei. Schließlich stand er mit leeren Händen da. Der Stern hat für ihn nicht mehr geleuchtet – denn jenes königliche Kind war schon längst aus den Windeln herausgewachsen und lebte bereits nicht mehr im Stall von Bethlehem.

Lange Jahre irrte unser König wie ein Elender in der Welt umher. Und als er schon sehr alt war, gelangte er letztendlich vor die Tore von Jerusalem. Aus diesen Toren führten die Soldaten gerade jemanden heraus, der zum Tode verurteilt worden war – und sie nagelten ihn vor den Toren der Heiligen Stadt ohne Gnade ans Kreuz. In jenem Moment bekam der König eine innere Erleuchtung: Dieser Gekreuzigte war jener König, zu dessen Wiege er sich auf einen langen Weg begeben hatte, der jedoch jetzt erst zu Ende ging. Er kniete am Fuß des Kreuzes nieder und ein Blutstropfen – das kostbarste Juwel – rann in seine leeren Hände. Die Hände dieses Königs wurden so zum heiligen Gral, zum Kelch des Blutes Jesu.

Dieses Märchen, das auf eine überraschende Weise das weihnachtliche und das österliche Motiv miteinander verbindet, bringt eine tiefe Wahrheit zum Ausdruck: Der Weg nach Betlehem – unsere Suche nach Gott in Christus – ist oft nicht derart idyllisch, wie er in den volkstümlichen Krippen dargestellt wird. Dieser Weg darf nicht dem menschlichen Leid ausweichen, auch wenn die Begegnung mit ihm wie eine Verzögerung erscheint und Verluste mit sich bringt.

***

Dieses Jahr habe ich mich nach der erwähnten Messe in der Bergkapelle entschlossen, die Advents- und Weihnachtspredigten der letzten Jahre in Buchform zu bringen und somit an das Buch *Die Zeit der leeren Kirchen (2021)* anzuknüpfen. Auch diese Predigten erklangen in der ursprünglichen Form in einer außergewöhnlichen Zeit, die meisten von ihnen wieder in einer leeren Kirche, die aufgrund der Hygienemaßnahmen geschlossen wurde, mit Blick lediglich in das Auge einer Kamera.

Monatelang – zunächst im Jahr 2020 und dann wieder im darauffolgenden Jahr –, als öffentliche Gottesdienste nicht oder nur mit einer sehr begrenzten Anzahl von Teilnehmern stattfinden konnten, habe ich die Aufnahmen der Sonntags- und Festtagspredigten für Interessierte auf den Webseiten unserer Pfarrgemeinde und später im Fernsehsender Noe sowie in der Form von Podcasts zur Verfügung gestellt. Als die Ansteckungswellen nachließen und die Gläubigen wieder in die Kirchen kommen konnten, wollte ich diese Praxis beenden, aber ich bekam unerwartet viele Anfragen mit der Bitte, dass ich diesen Dienst fortführen möge. So tue ich es bis heute – und »die virtuelle Pfarrgemeinde« wird immer größer. Nun bin ich meine Notizen zu den Predigten und die Audio- und Videoaufzeichnungen durchgegangen und habe die Gedanken, die in ihnen enthalten sind, in die Form einer Reihe von Aufsätzen gebracht. Auf diese Art ist dieses Buch entstanden.

Möge es in diesen schweren Zeiten alle seine Leser erfreuen, ermuntern und inspirieren.

Richtet euch auf und erhebt eure Häupter

Predigt für den ersten Adventsonntag

> *»Es werden Zeichen an Sonne, Mond und Sternen eintreten und auf der Erde Angst unter den Völkern und Ratlosigkeit über das Tosen des Meeres und der Wogen. Die Menschen werden vor Angst vergehen in der Erwartung dessen, was über den Erdkreis kommen wird; denn die Kräfte des Himmels werden erschüttert werden. Dann werden sie den Menschensohn mit großer Macht und Herrlichkeit auf einer Wolke kommen sehen. Wenn (alles) das beginnt, dann richtet euch auf und erhebt eure Häupter; denn es naht eure Erlösung.«*
>
> (Lk 21,25-28)

Meine Lieben,

mit diesem Sonntag beginnt die Adventszeit und das neue liturgische Jahr.

Ich erinnere mich, dass eine der bedeutendsten Veränderungen in meinem Leben, als ich zu einem gläubigen Christen wurde, ein ganz neues Erleben der Zeit war. Allmählich entdeckte ich die Architektur des Kirchenjahres: seine einzelnen Phasen und deren Farben, Düfte, Melodien und deren Poesie – den Advent, die ganze Weihnachtszeit, die vorösterliche Fastenzeit und die fünfzigtägige Osterzeit einschließlich der Pfingstnovene und des Pfingstfestes. Dank des jährlich wiederkehrenden rhythmischen Wechsels der liturgischen Jahreszeiten erlangte ich in meinem Erleben eine neue Dynamik und Tiefe, und diese geistliche Erfahrung gab meinem ganzen Leben eine neue Dimension.

Ein nebliger kalter Dezembertag hat aufgehört, alltäglich und gewöhnlich zu sein in dem Augenblick, als ich mir bewusst wurde: Es ist doch *Advent*. Irgendwo tief unter der Oberfläche der Alltäglichkeit fließt der Fluss der heiligen Zeit, in den ich jederzeit für einen Moment eintauchen kann, was auch immer um mich herum geschieht. Auch wenn uns Werbung und Schaufenster seit vielen Wochen die kommerzielle Auffassung von Weihnachten aufnötigen, erlebe ich die heilige Stille des adventlichen Wartens und lasse sie mir nicht nehmen.

***

Der Advent ist nicht nur eine Vorbereitung auf das Fest der Geburt Jesu. In den ersten drei Jahrhunderten feierten die Christen nicht die Geburt Jesu, sondern konzentrierten sich auf die Schlüsselbotschaft des Evangeliums, die das Opfer Jesu am Kreuz und seinen Sieg über den Tod darstellt, also das Geheimnis von Ostern.

Wir kennen das genaue Datum der Geburt Jesu nicht. Es könnte der fünfundzwanzigste Dezember genauso wie jeder beliebige andere Tag im Jahr gewesen sein. Die Tatsache, dass seit dem vierten Jahrhundert die Christen die Geburt Jesu in der Nähe zur Wintersonnenwende feiern, ergibt sich aus historischen und politischen Umständen. Kaiser Konstantin – derjenige, welcher den Christen die Freiheit schenkte und sich dann wie ein Kirchenoberhaupt verhielt, obwohl er sich erst am Ende seines Lebens taufen ließ – hat dem uralten Fest der Wintersonnenwende einen politischen Gehalt aufgedrückt: Er führte das Fest *Adventus Divi*, »die Ankunft des Göttlichen«, als eine Gedenkfeier anlässlich seiner Besteigung des kaiserlichen Thrones ein. Die damaligen Christen sahen darin mit Recht eine Gotteslästerung und begannen deshalb, trotz dieses Relikts des politisch-religiösen Heidentums, in derselben Zeit *Adventus Domini*, »die Ankunft des Herren«, also Advent und Weihnachten zu feiern. Der Ursprung von Weihnachten ist demnach mit dem kulturellen Dissens des frühen Christentums verbunden.

In der Zeit des kommunistischen Regimes, das jede beliebige Erinnerung an den christlichen Charakter von Weihnachten unterdrückte, war für uns das *geistliche* Erleben dieses Festes auch ein Ausdruck des Widerstandes und des Protestes gegenüber der staatlich verordneten Religion des Atheismus. Heute ist es eine frei wählbare Alternative gegenüber der Feier eines neuheidnischen Weihnachtens als Fest der vollen Bäuche und der Adventszeit als Anbetung von Waren in überfüllten Konsumtempeln unter dem Taktstock der Werbung. Jeder kann seinen Zugang und seinen Stil wählen – und damit auf neue und tiefere Weise den geistlichen Sinn von Advent und Weihnachten wiederentdecken und erleben.

In den traditionellen Symbolen dieser Jahreszeit – zum Beispiel im Adventskranz, in den Rorate-Gesängen und in der volkstümlichen Weihnachtspoesie – ist bestimmt viel Schönheit zu finden, und auch ich freue mich deshalb auf diese Zeit das ganze Jahr über. Es kann jedoch sein, dass sie nicht jeden ansprechen, und es ist auch nicht nötig, auf dieser Ebene zu bleiben. Advent und Weihnachten bieten noch viel tiefere Themen zur Meditation.

***

Christen feiern Weihnachten nicht nur als Geburtstag der historischen Person des Jesus von Nazareth (wie manche Religionen die von Legenden umwobene Geburt ihrer Gründer feiern). Für unseren Glauben ist Weihnachten vor allem die Erinnerung an eines der beiden Schlüsselgeheimnisse des Christentums, an *das Geheimnis der Menschwerdung*. Das zweite – oder von der Bedeutung her vielmehr das erste – ist das österliche Geheimnis unserer *Erlösung*.

Die Theologen der Antike sprechen von einem vierfachen Advent. Erstens ist es der Ausgang des göttlichen Wortes (*Logos*) von Gott-Vater vor aller Zeit, zweitens der Eingang dieses Wortes (das am Anfang bei Gott war und das Gott war, wie wir im Prolog des Evangeliums des heiligen Johannes lesen können) in die Geschichte der Menschheit, also die Geburt Christi. Drittens ist es die Ankunft Christi im Leben eines jeden von uns (es würde uns nichts nutzen, wenn Jesus tausendmal zu Betlehem geboren würde, aber nicht in uns, lehrt die mystische Theologie). Und viertens ist es die Ankunft Christi beim Jüngsten Gericht am Ende der Geschichte, also ein eschatologisches Motiv.

Im Advent feiern wir den Gott der Bibel, der sich vom statischen unveränderlichen Gott der griechischen Metaphysik unterscheidet. Der Gott der Bibel tritt in die Geschichte ein und spricht zu uns vor allem durch geschichtliche Ereignisse. Der Höhepunkt dieser Ansprache ist das Ereignis, welches das Evangelium mit folgenden Worten beschreibt: »Und das Wort ist Fleisch geworden und hat unter uns gewohnt« (Joh 1,14).

Von jeher lesen Christen die Texte der alttestamentarischen Propheten – vor allem des Propheten Jesaja – als eine Vorbereitung auf die Geburt des Messias, den unser Glaube in der

Predigt für den ersten Adventsonntag

Gestalt Jesu von Nazareth erkennt und annimmt. Der Prophet Jesaja, der Prophet Johannes der Täufer (der auf der Schwelle zwischen dem Alten und dem Neuen Testament steht, zwischen dem ersten und dem zweiten Bund) und die Mutter Jesu, Maria, sind Symbole der adventlichen Erwartung Christi.

***

Der Advent zeigt etwas Wesentliches vom Charakter unseres Glaubens – *eine Spannung zwischen dem »Schon« und dem »Noch nicht«.*

Die Kirche, die Gemeinschaft der Gläubigen, ist schon in der Geschichte und trägt den Schatz des Evangeliums, der Sakramente und der Zeugnisse der Heiligen in sich. Dadurch ist sie »heilig« – aber wir wissen gleichzeitig, und leider besonders schmerzlich in unserer Zeit, dass ihr zur Fülle der Heiligkeit sehr viel fehlt, dass sie auch Sünden mit sich schleppt; dass sie erst auf dem Weg ist, dass sie eine Gemeinschaft von Pilgern darstellt. Es fehlt viel dazu, dass die Kirche vollständig das ist, wozu sie berufen und geweiht ist, um wirklich die eine, heilige, allumfassende und apostolische Kirche zu sein.

In der Fülle wird sie demzufolge erst am Ende der Geschichte sein, im Schoß Gottes. Wir inmitten der Geschichte erleben mit Schmerz jene Spannung zwischen dem *»Schon«* (dessen wir uns manchmal bewusst werden, wenn wir in der Kirche wirklichen, wenn auch unauffälligen Heiligen, wirklichen Christen begegnen) und dem fernen Ziel, jenem *»Noch nicht«*.

Einen ähnlichen Charakter haben die Sakramente – in ihnen tritt Christus schon jetzt real in unser Leben. Wir dürfen jedoch nicht vergessen, dass die Sakramente nur ein Zeichen sind, »ein Aperitif zum verheißenen Gastmahl im Reich Gottes«. Beim Gottesdienst, bei der Eucharistiefeier sagen wir: »*bis Du kommst* in Herrlichkeit«. Zum Feiern der Sakramente gehört auch diese adventliche Offenheit gegenüber jener letzten Erfüllung, die wir erst noch erwarten.

Wenn wir alle diese heiligen Dinge, die jedoch den Charakter von Zeichen, von Symbolen haben, diese wichtigen »vorletzten Dinge« bereits für die letzten Dinge halten würden, wenn wir ein Symbol mit dem verwechseln würden, was es symbolisiert, würden wir der Häresie des Fundamentalismus verfallen und Götzendienst begehen.

Unser Glaube muss hier auf Erden in jener Spannung zwischen dem »*Schon*« und dem »*Noch nicht*« verharren. Der Glaube ist ein wunderbares Geschenk Gottes. Er kann uns aber noch nicht die vollständige Gewissheit der Evidenz, der Klarheit bieten, welche jedes Fragen, jedes Suchen, jeden kritischen Zweifel beseitigt. Hier auf Erden sehen wir, wie der Apostel Paulus lehrt, die göttlichen Dinge nur wie im Spiegel, im Rätsel und in einer Andeutung – die vollständige Gewissheit werden wir erst dann haben, wenn wir hinter dem Horizont der Zeit Gott von Angesicht zu Angesicht sehen werden.

***

Die adventliche Beziehung zu Gott überschreitet das, was wir mit den Sätzen »Gott ist« oder »Gott ist nicht« zum Ausdruck bringen können. Was meinen wir damit, wenn wir sagen Gott »ist« und Gott »ist nicht«? Sowohl das Wort »*Gott*« als auch das Verb »*sein*«, »*existieren*« haben viele verschiedene Bedeutungen. Gott *ist nicht* wie ein Gegenstand, den wir vor uns legen könn-

Predigt für den ersten Adventsonntag

ten und »objektiv« (ganz unbeteiligt aus der Distanz) beobachten und wie eine Sache beschreiben könnten, wie ein Seiendes unter anderem Seienden. *Der adventliche Glaube öffnet sich jenem Gott, der im Kommen ist.*

Gott ist die absolute Zukunft der Welt und eines jeden von uns, des Gläubigen sowie des Ungläubigen. Der große Theologe Karl Rahner hat vorgeschlagen – wenigstens für eine bestimmte Zeit – den so oft missbrauchten Begriff *Gott* durch die Metapher *Zukunft* zu ersetzen. Der Begriff Zukunft kann – ähnlich wie Himmel, Firmament – als Metapher dafür dienen, was nicht in unserer Hand ist, wohin die menschliche Macht nicht reicht, worauf wir jedoch trotzdem von unserem Wesen her angewiesen sind.

In der heutigen Zeit bringt uns die biblische Metapher *Himmel* das göttliche Geheimnis nicht so nah wie dem Menschen in der Entstehungszeit der Bibel: Wir leben mehr unter einem Dach als unter einem Firmament, wir sind nicht mehr so sehr davon abhängig, ob aus dem Himmel Regen fällt, das Firmament, »den Himmel über uns« nimmt die Mehrheit der Menschen von heute eher als einen Raum für Weltraumflüge denn als ein Symbol der Transzendenz wahr.

Der Begriff der Zukunft, der absoluten Zukunft, bewahrt jedoch seinen Wert als Metapher für das, was unbeherrschbar ist. Trotz aller unserer Pläne und Erwartungen kommt stets aus der Zukunft etwas, was wir nicht erwartet haben, etwas, was wirklich neu ist. Wir wissen nicht, in welchem Augenblick wir den raum-zeitlichen Rahmen unseres Lebens in dieser Welt überschreiten und mit dem unvorstellbar Neuen und Unbekannten konfrontiert werden, wofür viele den Begriff Gott verwenden – und wir fügen hinzu, dass sie oftmals diesen Begriff dadurch kompromittieren, dass sie ihn mit primitiven Vorstellungen unserer Fantasie verbinden.

***

Die Bibel spricht häufig von Gott als von *einem Kommenden*. Im Gegensatz zu den Mythen, die Gott in ein vorgeschichtliches goldenes Zeitalter platzieren, erscheint der Gott der Bibel in der Geschichte – und ist vor allem der Gott der Verheißung. Er ist der Gott der Zukunft, der sich nicht in der ewigen Wiederkehr des Gleichen wiederholt, sondern – wie der Prophet sagt – *alles neu macht*.

Heidnische Mythologien wenden den Blick der Frommen in die Vergangenheit, der Glaube der Bibel wiederum ist in die Zukunft gerichtet. Der gläubige Mensch hat keine Angst vor der Zukunft, nicht einmal in Zeiten umwälzender Veränderungen. Selbst in Zeiten großer Veränderungen – und gerade dann – kann der gläubige Mensch die göttliche Stimme, die göttliche Anwesenheit, die göttliche Handschrift erkennen. In den Katastrophen werden die Menschen vor Angst vergehen, sagt Jesus im heutigen Evangelium; »Die Kräfte des Himmels werden erschüttert werden« (Lk 21,26). Aber ihr Gläubigen fürchtet euch nicht: »richtet euch auf und erhebt euere Häupter« (Lk 21,28).

***

Als wir Mitte der achtziger Jahre noch vor der Schwelle zur Freiheit das Werk *Desetiletí duchovní obnovy národa* (*Ein Jahrzehnt der geistlichen Erneuerung der Nation*) vorbereitet haben, bekam ich die Aufgabe, die Grundlage für die Texte zu erarbeiten, mit denen Kardinal Tomášek dieses Werk der Öffentlichkeit vorstellte und es mit seinem Namen und seiner Autorität versah. Als ersten Satz für den Entwurf des Hirtenbriefes für den ersten Adventssonntag des Jahres 1997 habe ich gerade den Abschnitt aus dem Evangelium des ersten Adventssonntags ausgewählt: Richtet euch auf und erhebt euere Häupter! Diese Aufforderung hatte damals ihre konkrete, aufrüttelnde moralisch-politische Bedeutung. Was meint diese Aussage heute?

Wir stehen an der Schwelle zu einer großen Reform des Christentums, die Papst Franziskus mit der Aufforderung begonnen hat, den Weg einer synodalen Verwandlung der Kirche einzuschlagen. Die Kirche soll sich verändern: Aus einem verschlossenen ideologischen Katholizismus soll eine Weggemeinschaft, eine Gemeinschaft von Pilgernden *(communio viatorum)* werden, die in einem brüderlichen Gespräch ohne Zensur gemeinsam nach einer Gestalt der Kirche suchen sollen, die dem Ruf Gottes in der gegenwärtigen Geschichte, in den Umbrüchen der heutigen Welt antwortet. Es geht nicht um eine billige Anpassung, sondern darum, wozu bereits der Apostel Paulus aufgefordert hat: »Gestaltet euch um, indem ihr euer Denken erneuert« (Röm 12,2).

Die Verwandlung der institutionellen Strukturen ist bestimmt wichtig und unerlässlich. Damit sie aber Ertrag bringen kann, muss ihr eine geistliche Erneuerung vorausgehen und sie begleiten, eine Verwandlung unserer Gesinnung. Es geht um den Advent einer tieferen, lebendigeren Gestalt unseres Christentums.

In einem Buch, das auf Tschechisch unter dem Titel *Der Ferne nah (Vzdáleným nablízku)*, in vielen anderen Sprachen aber mit dem besseren Titel *Geduld mit Gott* erschienen ist, habe ich darüber geschrieben, dass wahrscheinlich jeder Mensch, für den der Glaube *der Weg und das Leben* ist (und nicht nur irgendeine Ideologie), auch Glaubenskrisen erleben wird, finstere Nächte, in denen Gott schweigend, verborgen, abwesend, unbegreifbar zu sein scheint.

Die Atheisten sind mit dieser Abwesenheit Gottes schnell fertig: Es gibt keinen Gott, Gott ist gestorben oder er hat noch nie existiert. Die Traditionalisten haben auch nicht den Mut, im Geheimnis der Verborgenheit Gottes zu verharren, sie wiederholen nur immer wieder die Lehrsätze des Katechismus. Manche emotionalen Gläubigen überschreien das göttliche Schweigen mit einem jubelnden »Hipp, Hurra, Halleluja«. Das alles scheinen mir oberflächliche Kurzschlussreaktionen zu sein.

Ein erwachsener, reifer Glaube vermag im Angesicht der Verborgenheit Gottes mit Geduld auszuharren. Und diese Geduld hat eine dreifache Gestalt: Sie ist Hoffnung, Glaube und Liebe. Hoffnung, Glaube und Liebe – wenn wir sie als die grundlegenden christlichen Tugenden, als die göttlichen Tugenden verstehen – beinhalten notwendigerweise Geduld. Je älter ich werde, desto mehr schätze ich unter den Tugenden neben dem Mut und der Weisheit gerade die Geduld.

Freunde, begreifen wir die Zeit der adventlichen Erwartung als eine Übung in der Tugend der Geduld, des Wartens, des Zuhörens und der Besinnung.

Wir werden sie alle noch sehr brauchen.

Amen.

Tauet, ihr Himmel, von oben

Predigt für den zweiten Adventsonntag

»Tauet, ihr Himmel, von oben!
Ihr Wolken, regnet herab den Gerechten!
Tu dich auf, o Erde, und sprosse den Heiland hervor!«
(Adventlicher Antiphon)

Meine Lieben,

während des diesjährigen Advents bleiben wir mehrfach bei Texten stehen, denen wir in der Sonntagsliturgie, wie es mir scheint, häufig keine große Aufmerksamkeit schenken. Es handelt sich um die Tagesgebete. Sie bestehen in der Regel aus einem einzigen Satz, der jedoch oft so barock entfaltet ist, dass wir seinen Sinn und Inhalt nach dem ersten Hören kaum erfassen können.

Zu Beginn der Messe am zweiten Adventsonntag hören wir das Gebet:

»Allmächtiger und barmherziger Gott,
deine Weisheit allein zeigt uns den rechten Weg.
Lass nicht zu, dass irdische Aufgaben und Sorgen uns hindern,
deinem Sohn entgegen zu gehen.
Führe uns durch dein Wort und deine Gnade zur Gemeinschaft
mit ihm.«

Worum geht es hier? Um unseren Weg zu Christus; es ist offensichtlich, dass hier der adventliche Weg gemeint ist, der in der christlichen Tradition einen mehrfachen Sinn hat. Es ist nicht nur die kurze Zeit der Vorbereitung auf die liturgische Feier des Gedächtnisses der Geburt Jesu. Es ist auch die Erinnerung daran, dass der Weg des menschlichen Lebens sowie der Weg der menschlichen Geschichte auf ihre Art ein Advent sind, die Ankunft Christi bei uns und auch unsere Ankunft bei Christus. Es ist sein Weg, aber auch unser Weg; wir werden einander begegnen: Christus kommt zu uns und wir gehen ihm entgegen.

Christus liegt nicht *hinter uns* in der längst vergangenen Geschichte; sein Leben endete für uns nicht mit seinem Tod am Kreuz. Unser Glaube nimmt einen lebendigen Christus wahr, der mit uns und bei uns ist, der anwesend ist: der *dabei ist*, wenn wir zwei oder drei in seinem Namen versammelt sind, wenn wir das Gedächtnis seines letzten Abendmahles feiern, wenn wir das Evangelium verkünden und wenn wir ihn in unseren Nächsten erkennen, besonders in den Bedürftigen, die unsere Hilfe brauchen.

Christus liegt jedoch auch *vor uns*. Unser Glaube öffnet sich ihm in der Hoffnung, dass er unsere Zukunft ist, dass er – mit den Worten Teilhards de Chardins – jener Punkt Omega ist, der Kulminationspunkt, in dem alle Entwicklungslinien, die Evolution der Menschheit und aller Geschöpfe sowie des durch Gott noch zu vollendenden Kosmos letztendlich zusammenlaufen.

***

Predigt für den zweiten Adventssonntag

Die Aussage »Lass nicht zu, dass irdische Aufgaben und Sorgen uns hindern, deinem Sohn entgegenzugehen[1]« ist im Zusammenhang mit dem Advent nach dem ersten Hören etwas verblüffend.

Der Advent soll doch die Zeit der Stille, des Zur-Ruhe-Kommens und Innehaltens sein; um diesen adventlichen Geist kämpfen Jahr für Jahr viele von uns, wenn sie am Ende des Kalenderjahres in der Hektik liegengebliebene Aufgaben erfüllen und Weihnachtsgeschenke beschaffen.

Jedoch kann auch Eile verschiedene Gesichter haben. Dieses adventliche Gebet erinnert mich an die Verse des schönen biblischen Liebesgedichts, des Hohelieds, das die Ungeduld und die Sehnsucht der jungen Frau beschreibt, die durch eine Sommernacht läuft, weil sie ihrem Geliebten entgegeneilt. Bereits ältere Rabbiner und dann auch die Generation der christlichen Mystiker haben dieses erotische Gedicht als ein Gleichnis der Sehnsucht der menschlichen Seele nach dem Schoß Gottes gelesen. Die menschliche Zärtlichkeit und die Leidenschaft haben sie nicht als etwas Ungehöriges oder sogar als etwas Sündhaftes wahrgenommen, sondern als eine mystische Erfahrung, als einen Vorgeschmack des paradiesischen Ruhens in dem Einen, der die Quelle und die Tiefe aller Liebe ist.

Der Advent sollte uns aus der Schläfrigkeit und aus der Trägheit wachrütteln und in uns diesen Durst nach dem Absoluten erwecken, nach jener himmlischen »Weisheit, die uns allein den rechten Weg zeigt«.[2] Die adventlichen Rorate-Gesänge leiten

---
1 Im Tschechischen noch ausdrucksstärker: »entgegenzueilen«, *Anm. d. Übers.*
2 Im Tschechischen: »jene himmlische Weisheit, die unser Innerstes fruchtbar macht«, *Anm. d. Übers.*

ihren Namen von dem lateinischen Vers *rorate caeli desuper* – »tauet, ihr Himmel, von oben« ab. Der göttliche Schöpfergeist wird in der Schrift und der Liturgie mit dem Tau verglichen, mit der erfrischenden und fruchtbar machenden Feuchtigkeit: »Sende deinen Geist auf diese Gaben herab und heilige sie«, sagt der Priester im eucharistischen Gottesdienst.[3]

»Deine Weisheit [also: der Geist Gottes] allein zeigt uns den rechten Weg«[4] steht in diesem Gebet. Das bedeutet auch: Mögen uns irdische Interessen – das alles, was uns nach unten zieht – nicht zerstreuen, nicht versklaven, nicht fesseln. »Erhebet die Herzen!« hören wir in der Liturgie. »Richtet euch auf und erhebt euere Häupter« (Lk 21,28) – das ist die Aufforderung zu einer freien Sichtweise, die uns der lebendige Glaube schenkt – die Möglichkeit, auf unser Leben aus einer höheren Perspektive zu schauen, »aus dem Blickwinkel der Ewigkeit«.

***

Wir bitten um den Tau des Geistes, der unser Inneres bewässert und damit fruchtbar macht. Mit dem Begriff Tau – und das nicht nur rein sprachlich – hängt noch ein anderer Begriff zusammen, und zwar der Humor.[5] Wir sollten nicht vergessen, dass Humor zu unserem Leben und zu einer gesunden Frömmigkeit gehört. Es ist kein Zufall, dass viele große Heilige – vom hl. Franziskus und Philipp Neri bis zu Johannes XXIII. – Menschen mit einem wunderbaren Humor waren; zu ihnen

---

3 Im Tschechischen: »Sende den Tau deines Geistes auf diese Gaben herab und heilige sie«, *Anm. d. Übers.*
4 Bzw. »macht unser Innerstes fruchtbar«, *Anm. d. Übers.*
5 Das lat. Wort »umor« bedeutet »Feuchtigkeit«, *Anm. d. Übers.*

gehört auch der bisher nicht kanonisierte gegenwärtige Papst Franziskus.

Möge der göttliche Tau und der Durst nach Liebe ohne Boden und ohne Grenzen alles bewässern und fruchtbar machen, was in unseren Herzen und in unserer Frömmigkeit trocken und spaßbefreit, verdorrt, ausgebrannt, saftlos und ohne Ideen ist. Mögen wir demjenigen, der unsere Zukunft ist, mit der Sehnsucht der Verliebten entgegeneilen!

Gehen wir zu Gott, oder kommt Gott zu uns? Einer der tiefsten Gedanken der christlichen Mystik erklingt bei Meister Eckart: Das Auge, in dem wir Gott sehen, ist dasselbe Auge, darin uns Gott sieht. Ich bin überzeugt, dass dasselbe auch für unseren Weg zu Gott und für den Weg Gottes zu uns gilt, für unsere Suche nach Gott und für die Suche Gottes, für unsere Sehnsucht nach Gott und für die leidenschaftliche Liebe Gottes zu uns.

Amen.

Freude und Hoffnung

Predigt für den dritten Adventsonntag

> »*Freut euch im Herrn allezeit! Noch einmal will ich es sagen: freut euch!*
> *Euer gütiges Wesen sollen alle Menschen erfahren. Der Herr ist nahe.*«
>
> (Phil 4, 4-5)

Die Messe an dem dritten Adventssonntag – am Sonntag, der nach dem Eingangsvers der heutigen Liturgie *Gaudete* (Freut euch) genannt wird, ähnlich wie am vierten Fastensonntag, *Laetare* (Freut euch) – kann in der Farbe Rosa zelebriert werden; diese beiden Sonntage sind gewissermaßen die Morgenröte der darauffolgenden Feiertage. Aus mehreren Texten des heutigen Gottesdienstes erklingen eindringliche Mahnungen zur Freude: »Freut euch im Herrn allezeit! Noch einmal will ich es sagen: freut euch!« schreibt der heilige Paulus (Phil 4,4).

Solche Worte können in uns jedoch manchmal eher Abscheu hervorrufen. Kann man sich denn auf Befehl freuen? Und ist es überhaupt möglich, sich in Momenten von schweren Prüfungen, Schmerzen und Sorgen zu freuen, einschließlich derer, mit denen sich unsere heutige Welt konfrontiert sieht?

Freude und Hoffnung

Aber was ist eigentlich *Freude*? Was bedeutet dieser Begriff, der in der Bibel so häufig vorkommt und von dem auch die Bezeichnung für das *Evangelium*, »die frohe Botschaft«, abgeleitet ist? Verwechseln wir Freude nicht mit einem bloß flüchtigen Gefühl, mit einer guten Laune. Die Launen kommen und gehen, sie ändern sich ständig. Sie hängen davon ab, ob wir ausgeschlafen sind, was wir gegessen haben, was in unserem Körper passiert, wie das Wetter ist, wie intensiv das Licht scheint und von vielen weiteren sich ändernden Umständen. Manch angenehme Überraschungen während des Tages können uns sozusagen Freude bereiten, aber das ist immer noch nicht jene Freude, von der die Schrift spricht. Die dort gemeinte Freude ist etwas viel Tieferes und Innerlicheres.

***

Manchmal denke ich, dass unsere Zivilisation den Sinn für Freude, für die Freude in jenem tiefen biblischen Sinne verloren hat – und dass sie dieses Defizit mit vielen billigen Ersatzmitteln verbirgt. Ein äußerlicher und oberflächlicher Ersatz für Freude ist ihre Karikatur – *die Unterhaltung*. Nichts bezeugt den Verlust der Freude so deutlich wie die Verbreitung der kommerziellen Unterhaltungsindustrie. *Wir amüsieren uns zu Tode*, klingt der Buchtitel von Neil Postman, einem Analytiker der zeitgenössischen Zivilisation. Viele Menschen, die keine wirkliche Freude erlebt haben, suchen die Unterhaltung und benutzen sie als Droge.

Manchmal ist Unterhaltung schon auf den ersten Blick stupide wie manche TV-Serien, sogar mit vorgefertigtem Lachen, ein anderes Mal bemächtigt sie sich unauffällig immer mehr Bereichen im Leben der Gesellschaft. Im politischen Leben, das

Predigt für den dritten Adventssonntag

sich von einer verantwortlichen Fürsorge für die allgemeinen Angelegenheiten in die virtuelle Welt der Fernsehwettbewerbe verschoben hat, sammeln die Clowns und Entertainer ihre Punkte – erinnern wir uns an Donald Trump, der sich bei seinen demagogischen Ansprachen mit Vorliebe selbst beklatschte. Über sich lachen konnte dieser tragikomische Clown, dessen Mimik und Gestik auffallend an Benito Mussolini erinnerte, aber leider nicht.

Unterhaltung sickert nicht nur in die kommerzielle Kunst ein, die eine Flut von Kitsch produziert, und in die politische Welt der populistischen Clowns, sondern auch in die Welt der Religion. Wer von Ihnen mal die Gelegenheit hatte, religiöse Sendungen auf den vielen Kanälen des amerikanischen Fernsehens zu verfolgen, hat einige ähnliche Cheerleader und Clowns gesehen, die manipulativ und vor allem auch unterhaltsam billigen religiösen Kitsch zu verkaufen versuchen.

Mir scheint, dass das Verhältnis zwischen Freude und Unterhaltung genauso wie das Verhältnis zwischen Hoffnung und Optimismus ist. Unterhaltung ist ein oberflächlicher Ersatz für Freude, und Optimismus – wenn wir damit die Überzeugung meinen, dass alles immer automatisch zum Besseren strebt, – ist eine oberflächliche Imitation von Hoffnung. *Hoffnung ist eine Tugend, die uns die Kraft gibt, Situationen zu bewältigen, in denen sich viele Umstände eher zum Schlechteren wenden.* Nicht zufällig trägt wahrscheinlich das wichtigste kirchliche Dokument des 20. Jahrhunderts, die Konstitution des Zweiten Vatikanischen Konzils über die Kirche in der Welt von heute, den Namen *Gaudium et spes* – Freude und Hoffnung.

***

Freude und Hoffnung

Die Hoffnung kennt auch die Last des Lebens, sie flieht nicht in die Illusionen eines billigen Optimismus, sondern hilft uns, diese Last zu bearbeiten und zu ertragen. Der Wendepunkt zwischen Unterhaltung und Freude und zwischen Optimismus und Hoffnung ist der Augenblick, in dem wir das Tal des Schattens und der Schmerzen durchschreiten. Wenn wir uns jedoch von ihnen nicht brechen lassen – werden wir tiefer hinabsteigen. Eine wirkliche, tiefe Freude wird aus einem angenommenen und *verwandelten* Schmerz geboren.

Kaum jemand kann im Leben den schweren Augenblicken aus dem Weg gehen. Ich denke sogar, dass ein solches Glückskind, das entweder selbst nie Schmerz erlebte oder nicht in der Lage wäre, empathisch und solidarisch die Kreuze seiner Nächsten mitzufühlen und mitzutragen, nie ein ganz reifer Mensch werden würde. Und könnte so jemand überhaupt ein wahres Glück empfinden und ganz tief spüren? Denn Gesundheit kann nur derjenige schätzen, der Krankheit erlebt hat, den Wert und den Geschmack des Essens vermag nur derjenige zu genießen, der Hunger erlebt hat, und menschliche Nähe und Hilfe nur derjenige, der unter Einsamkeit und Gleichgültigkeit anderer gelitten hat.

Viele Lehrer des geistlichen Lebens unterscheiden zwischen dem *äußeren und dem inneren Ich eines Menschen*. Meister Eckhart sagt sogar, dass der *äußerliche Mensch*, der oberflächliche Mensch, nur einen *äußerlichen Gott* hat, das bedeutet eine oberflächliche Religiosität. Nur derjenige, der aus den alltäglichen Zerstreuungen in das innere Heiligtum seines Lebens hinabgestiegen ist, kann dem lebendigen Gott wahrhaftig begegnen. Deshalb praktizieren wir Meditation, wir lernen den kontemplativen Zugang zur Wirklichkeit.

Predigt für den dritten Adventsonntag

***

Der Unterschied zwischen Unterhaltung und Freude besteht unter anderem darin, dass *Unterhaltung zerstreut, wohingegen Freude vereint*. Die Freude vereint uns mit den anderen (gerade an Weihnachten können wir erleben, dass es Menschen die größte Freude bereitet, anderen eine Freude zu machen), und sie vereint uns auch mit Gott.

Die wahren Mystiker, Menschen, die tief in Gott versunken sind, sind Menschen, die Frieden und Freude ausstrahlen. Solche Mystiker – also fröhliche Menschen, die Erfahrung mit der göttlichen Nähe haben, die wahrhaftig aus der Tiefe leben –, gibt es zum Glück in jeder Generation mehr, als wir denken. Mit Sicherheit sind wir schon einem solchen Menschen begegnet – vielleicht sind wir an ihm vorbeigegangen, ohne von ihm Notiz zu nehmen, denn solche Menschen stellen das Licht, das sie in sich tragen, nicht selbstbezogen zur Schau.

Menschen mit einem lebendigen Glauben erkennen wir oft an ihrem fabelhaften Sinn für Humor. Bigotte Frömmler, religiöse Fanatiker und pharisäische Moralisten sind des Humors nicht fähig, ähnlich wie verbitterte Skeptiker. Menschen mit einem lebendigen Glauben haben nämlich das in sich, was mit wirklicher Freude immer Hand in Hand geht: *innere Freiheit*. Freude ist die Frucht eines freien Herzens.

Freude ist – wie wir in der Schrift lesen – die Frucht des Heiligen Geistes. Das Reich Gottes, das uns Jesus bringt, ist das Gegenteil sowohl von düsterer Bitterkeit als auch von einem kitschigen Disneyland der seichten Unterhaltung: Es ist ein Geysir der Freude.

Gemäß der jüdischen Tradition des Sabbatfeierns bekommt der Mensch während des Festes »eine Sabbatseele« – eine solche Seele, die er im Himmel erlangen wird. Deshalb gehört zu den Sabbat-Geboten nicht nur das Verbot der Alltagsarbeit, sondern es ist einem Gläubigen auch verboten zu trauern, zu streiten oder unfreundlich zu sein. Ist das nicht auch eine gute Inspiration für unser Feiern von Advent und Weihnachten?

Zur Adventstradition gehörte es, von Unterhaltung und Zerstreuung Abstand zu gewinnen. Das bedeutet aber überhaupt nicht, sich einer trübsinnigen Ernsthaftigkeit hinzugeben. Es bedeutet zu versuchen, in die Stille hinabzusteigen, wo die Quelle der wahren Freude sprudelt. Die Freude, welche der Mensch beim Feiern der Festtage und bei einem aufrichtigen Gebet in der Nähe Gottes erlebt, ist schon gewissermaßen ein Vorgeschmack, ein Aperitif des Gastmahls im Reich Gottes. Den Frieden und eine wahre Freude kann uns die Welt nicht geben und sie kann sie uns auch nicht nehmen. Sie kommen nicht von außen, sie kommen von Gott.

Wie der Prophet Esra sagt: »Die Freude des Herrn, sie ist euer Schutz!« (Neh 8,10). Es ist eine Kraft, die auch den Schmerz, die Trauer und das Leid verwandelt, sie ist die Kraft des Lebens. Um die Gabe der Freude, um *das Charisma der Freude* bitten wir auch im Tagesgebet an diesem Sonntag:

»Allmächtiger Gott,
sieh gütig auf dein Volk,
das mit gläubigem Verlangen
das Fest der Geburt Christi erwartet.
Mache unser Herz bereit

Predigt für den dritten Adventsonntag

für das Geschenk der Erlösung,
damit Weihnachten für uns alle
ein Tag der Freude und der Zuversicht werde.
Darum bitten wir durch Jesus Christus.«

***

Im Text des vorhergehenden Sonntags habe ich an die Gabe des Humors erinnert, an diese lebensspendende Feuchtigkeit, die unser Leben und auch unseren Glauben fruchtbar macht. »Ein Heiliger, der traurig ist, ist ein trauriger Heiliger!«, sagte der fröhliche Heilige Philipp Neri.

Das Charisma des Humors, dieser Ausdruck eines freien Herzens, einer göttlichen Einsicht, das Gegenteil eines düsteren »Geistes der Schwere«, dürfen wir jedoch nicht mit der billigen Maske des ständig süßen Lächelns verwechseln, die wir aus dem Umfeld religiöser Sekten kennen. Versuchen wir stets, Hoffnung von bloßem Optimismus, Freude von oberflächlicher Unterhaltung und auch Frömmigkeit von Bigotterie zu unterscheiden.

Das menschliche Leben ist vielfältig, voll von Paradoxien, und deshalb sind auch die großen göttlichen Gaben nicht eintönig. Gott hilft uns durch seine Gaben, durch seine Gnade die ganze Wirklichkeit anzunehmen, zu umarmen und zu verwandeln, nicht nur ihren leichteren, hellen und angenehmen Teil.

Die göttliche Gabe des Glaubens (im Unterschied zu der fundamentalistischen, ideologischen Form der Religion) lässt Raum für das Suchen und für Zweifel, für Wachstum im Glauben. Ich wiederhole: Die Gabe der Hoffnung bedeutet nicht, dass sich der Mensch das Leben rosig ausmalt und die Schattenseiten der Wirklichkeit nicht sieht, sondern sie schenkt die Kraft, die Schwere der Last zu ertragen und zu überwinden. Ebenso sind tiefe geistliche Freude und Friede nicht nur eine gute Laune, sondern eine Lebenshaltung, die oftmals aus einem überwundenen und innerlich verarbeiteten Schmerz geboren wird.

In dem zitierten Gebet bitten wir um die Gnade (also um die göttliche Energie und Kraft), *um uns freuen und Gott in Dankbarkeit loben zu können.*[6]

***

Die Freude ist mit der Dankbarkeit verbunden und führt zum Lob Gottes. Als der heilige Ignatius von Loyola in seinen geistlichen Übungen das Ziel des menschlichen Lebens formuliert, für das der Mensch geschaffen wurde, sagt er an erster Stelle: »um Gott zu loben und zu danken« und dann »um ihm zu dienen«. In der Liturgie erklingt an vielen Stellen die Mahnung zum Lob Gottes und zur Dankbarkeit: »Danken wir Gott, unserem Vater« und »Wir loben dich, wir beten dich an und wir danken dir«. Der Sinn der Liturgie ist, diese Lebenshaltung in uns zu erwecken, die unser ganzes Lebens durchdringen sollte und es in einen Gottesdienst im breiteren und tieferen Sinne des Wortes verwandeln sollte: in ein Lobeslied, das letztendlich erst in der Ewigkeit voll erklingen wird.

Für einen Menschen ohne religiöse Erfahrung klingt das wahrscheinlich sehr abstrakt und fremd. Für einen *gläubigen*

---

6 Der Autor bezieht sich auf den tschechischen Text dieses Tagesgebetes, der im Wortlaut abweicht, *Anm. d. Übers.*

Predigt für den dritten Adventsonntag

Menschen ist diese Haltung zumindest in bestimmten Momenten – und in den Momenten unseres Glücks – ganz spontan. Aber auch ein gläubiger Mensch durchschreitet von Zeit zu Zeit das Tal des Schattens, und dann braucht er, um auch in solchen Momenten Gott aufrichtig loben und ihm danken zu können, wirklich die Gnade, die göttliche Kraft, die sich auch durch unsere Schwäche äußert.

Warum wird dem Lob Gottes so eine Bedeutung beigemessen? Braucht denn Gott unser Lob und unsere Dankbarkeit?

Natürlich nicht, antworten die Meister des geistlichen Lebens auf diese häufig gestellte Frage. Die Vorstellung von Gott als einem Machthaber, den man beweihräuchern muss, ist lächerlich, sie stellt sogar eine lästerliche Karikatur Gottes dar.

Diejenigen, die diese Haltung der Dankbarkeit unbedingt in sich ausbilden müssen, *sind wir*. Ein Mensch, der ohne Gott lebt – und das muss bei weitem nicht nur ein überzeugter Atheist sein, sondern auch ein Mensch, der sich für einen zutiefst gläubigen Menschen hält, der jedoch Gott durch eine Karikatur Gottes oder durch einen Götzen ersetzt hat –, hat häufig die Tendenz, auf den leergewordenen Platz Gottes sein eigenes Ego oder irgendeinen Götzen zu stellen, d. h. *einen verabsolutierten relativen Wert* (zum Beispiel die Nation, den Wohlstand, den Arbeitserfolg, die Gesundheit oder die Kariere). Gott zu loben und ihm zu danken bedeutet, sich mit allen Folgen bewusst zu werden, dass *ich nicht Gott bin* und nicht so tun kann, als wäre ich Gott.

***

Ja, »ich glaube an Gott und ich lobe Gott« – bedeutet in erster Linie einzusehen: Ich bin nicht Gott.

Gott zu spielen, ist in unserer Gesellschaft eine verbreitete Krankheit mit fatalen Folgen – vom Narzissmus, von der Inflation des eigenen Egos, dem Egoismus und asozialen Egozentrismus bis zu der Bemühung, die Welt und die Geschichte zu manipulieren. Erinnern wir uns an das kommunistische Lied »Wir befehlen dem Wind und dem Regen«; heute wissen wir, welche verheerenden Folgen diese Bemühungen, Gott gleich zu sein, auf die Umwelt hatten und wie sehr gefährlich es ist, sie fortzuführen.

Durch die Haltung der Dankbarkeit steigen wir von diesem destruktiven, falschen Sockel herab und kehren mit Demut zur Wahrheit unseres Lebens zurück, zu der Haltung und Berufung, die wir mitten in der Welt wirklich haben.

Wir nehmen unser Leben als eine Gabe *und zugleich als eine Aufgabe* wahr, als eine Befreiung aus dem Panzer des Egozentrismus, als eine Selbstüberschreitung, als eine Selbst-Transzendenz – die es uns (dann) möglich macht, zu partnerschaftlichen und dialogischen Beziehungen mit anderen und mit Gott aufzubrechen. Und gerade diese Orientierungsänderung – die von Jesus geforderte *metanoia* – stellt die Quelle der größten denkbaren Freude dar.

Ich habe noch nie eine solche Freude empfunden wie damals, als ich erleben konnte, dass all das Gute, was ich tun kann, *eine Gabe* ist, eine Gabe auch für mich, dass es einfach durch mich *hindurchgeht*. Deshalb wäre es äußerst albern, wenn ich es mir zuschreiben würde, damit prahlen und mich über andere erheben würde. Ich kann und soll dafür dankbar sein, Gott danken und ihn, die Quelle alles Guten, voll der Freude loben.

Das bewirkt in einem Menschen eine unvergleichbar größere Freude als jegliche Selbst-Beweihräucherung oder eine Beweihräucherung durch andere.

Möge diese Freude eines Tages zur ewigen Freude reifen! Amen.

Das Menschsein als Gabe und Aufgabe

Predigt für den vierten Adventsonntag

> »*Der Engel sagte zu ihr: Fürchte Dich nicht, Maria; denn du hast bei Gott Gnade gefunden.*«
>
> (Lk 1,30)

Den Gottesdienst am vierten Adventsonntag beginne ich in der Regel mit dem Doppelvers von Bohuslav Reynek:

> »*Advent. Vierter Sonntag.*
> *Die Engel erwachen.*«

Erlauben Sie mir eine Erinnerung. Vor einigen Jahren, am vierten Adventsonntag des Jahres 2011, habe ich zu diesem Vers hinzugefügt: Heute ist auch *der Engel des Todes* erwacht – und hat einen kostbaren Menschen aus unserer Mitte gerissen: Václav Havel. Ich erhielt die Nachricht gerade in dem Moment, als ich mich auf die Messe vorbereitete.

Mit Václav Havel verband mich eine fast vierzigjährige Freundschaft in guten wie in schlechten Zeiten, sowohl in der Zeit, als er Dissident war, als auch in der Zeit, als er Präsident war. Im Besonderen erinnere ich mich an eine Begegnung im Advent. Am Vorabend des Heiligen Abends jenes dramatischen

Jahres 1989 habe ich Bischof Škvarda zu ihm ins Zentrum des Bürgerforums gebracht, der an Weihnachten nach vielen Jahren aus dem römischen Exil zurückgekehrt ist. Gerade dieses gemeinsame Gespräch wenige Tage vor der Präsidentschaftswahl leitete ein wichtiges Ereignis in die Wege: der erste Papstbesuch in der tschechischen Geschichte, der dann im April des Folgejahres stattfand. So sah in jenem wundervollen Jahr *(annus mirabilis)* 1989 der Advent der frohen Erwartung des kommenden Festes zur Neugeburt von Freiheit und Demokratie in unserem Land aus.

Am Tag des Begräbnisses von Václav Havel – am letzten Tag des Advents 2011 – erinnerte ich mich an die denkwürdigen Begräbnisse in der modernen tschechischen Geschichte: Am Tag des Begräbnisses von Karel Čapek zu Weihnachten 1938 haben wir die großen Hoffnungen der Ersten Republik begraben. Am Tag des Begräbnisses von Jan Palach im Januar 1969 haben wir uns von den Hoffnungen des Prager Frühlings des Jahres 1968 verabschiedet. Markiert das Begräbnis von Václav Havel nicht das symbolische Ende der Zeit der Hoffnung, dass die Erneuerung der Demokratie nach dem Fall des Kommunismus jener »Sieg der Wahrheit und Liebe über Lügen und Hass« sein wird? Nehmen wir nicht eher die Tatsache wahr, dass im öffentlichen Leben kühler Pragmatismus, Zynismus und Dreistigkeit zunehmen?

Aber verderben wir uns nicht die adventliche Zeit.

***

Predigt für den vierten Adventsonntag

Das Tagesgebet am vierten Adventsonntag lautet:

> *»Allmächtiger Gott, gieße deine Gnade in unsere Herzen ein.*
> *Durch die Botschaft des Engels*
> *haben wir die Menschwerdung Christi,*
> *deines Sohnes, erkannt.*
> *Führe uns durch sein Leiden und Kreuz*
> *zur Herrlichkeit der Auferstehung.*
> *Darum bitten wir durch ihn, Jesus Christus.«*

Diese Worte sind vielen von uns bekannt. Sie sind der Abschluss des Gebets *Der Engel des Herrn* (Angelus).

Es wird erzählt, dass es dem heiligen Franziskus von Assisi, als er sich in der Zeit der Kriege zwischen den Christen und Muslimen unbewaffnet in das Kriegslager der Muslime begab und hörte, wie fünfmal am Tag von den Minaretten das Gebet der Muezzine erklang und die Muslime in der Geste einer demütigen Hingabe Gott gegenüber auf das Gesicht fielen, unheimlich gefallen und ihn tief berührt hat. Von dieser Erfahrung inspiriert soll er das Knieen eingeführt haben: Über Jahrhunderte läuteten die Kirchenglocken dreimal täglich – morgens, mittags und abends – und fromme Christen beteten zum Engel des Herrn und knieten sich zu den Worten über die Menschwerdung aus Ehrfurcht vor diesem Weihnachtsgeheimnis nieder. An vielen Orten beten Christen dieses Gebet auch heute noch regelmäßig, um ihren Tagesablauf zu strukturieren.

Zudem hat auch der Rosenkranz, ein weiteres Symbol der traditionellen katholischen Frömmigkeit, seinen Ursprung bei den Muslimen. Die Kreuzritter im Heiligen Land sahen, wie die Muslime beim Gebet Perlen oder Knoten an der Schnur benutzten, und die Dominikanerpatres gaben dieser rhythmischen Gebetspraxis den Inhalt, den sie bis heute hat. Auch ich habe erst Jahre nach meiner Konversion die Schönheit des Rosenkranzgebets für mich entdeckt und bete ihn häufig still und unauffällig – besonders wenn ich zu Fuß unterwegs bin oder in Verkehrsmitteln. Übrigens haben die Muslime diese rhythmische Gebetsart mit Hilfe von Perlen wahrscheinlich von den Buddhisten übernommen und diese wiederum von den Hinduisten: Die Annäherung der Religionen ist also keine Erfindung des 20. Jahrhunderts.

***

Kommen wir aber zu dem Gebet zurück, das in seiner Kürze an die beiden grundlegenden Geheimnisse des Christentums erinnert – an das Weihnachtsgeheimnis der Menschwerdung (Verkündigung und Geburt) und an das österliche Geheimnis von Tod und Auferstehung des Herren. Die großen christlichen Denker von der Antike bis in unsere Zeit – einschließlich des heiligen Augustinus, des heiligen Thomas von Aquin oder des zeitgenössischen theoretischen Physikers und anglikanischen Theologen aus Cambridge, Träger des Tempelton-Preises, John Polkinghorn, – haben den Gedanken der *creatio continua*, einer sich fortsetzenden Schöpfung entwickelt.

Bereits Augustinus hat im Vergleich zur primitiven wortwörtlichen Lesart des biblischen Schöpfungsberichts in sieben Tagen gelehrt, dass es sich dabei um eine bildhafte Schilderung handelt, die dem menschlichen Verständnis angepasst wurde; häufig erinnere ich gerade an eine ihm zugeschriebene Aussage: »Beten bedeutet die Augen zu schließen und sich bewusst zu

Predigt für den vierten Adventsonntag

machen, dass Gott jetzt die Welt erschafft.« Ich bemühe mich in diesen Tagen, den Gedanken einer sich fortsetzenden Menschwerdung *(incarnatio continua)*, eines sich fortsetzenden Leids *(passio continua)* und einer sich fortsetzenden Auferstehung Christi *(resurrection continua)* zu entwickeln.

Unser Glaube an die Auferstehung Jesu – dieses Herz der christlichen Botschaft – bedeutet unter anderem, dass »das Jesusgeschehen«, welches die Person, die Lehre und die Wirkung Jesu einschließt, nicht etwas Vergangenes ist, das am Kreuz endete, sondern dass es fortgesetzt wird: dass Jesus real im Glauben seiner Kirche, in ihren Sakramenten, in der Verkündigung des Evangeliums lebt; dass Jesus – wie er versprochen hat – mitten unter denen ist, die in seinem Namen versammelt sind, und dass er zu uns auch anonym in jenen Geringsten kommt, die unsere Nähe brauchen.

Eine sich fortsetzende Menschwerdung bedeutet unter anderem, dass dieser lebendige Christus durch seinen Geist und durch den Glauben der Gläubigen in stets neue Räume der menschlichen Kultur und Gesellschaft eintritt. Erinnern wir uns an die Aufforderung des heiligen Papstes Johannes Paul II. zur »Neuevangelisierung« – einschließlich der Selbstevangelisierung der Kirche – und an die Aufforderung von Papst Franziskus zum Reformprozess des synodalen Weges, der das prophetische Hinhören auf den heiligen Geist einschließt. Die Evangelisierung, die wichtigste Berufung der Kirche, ist *die Inkarnation* des Glaubens in die Kultur; der Glaube bedeutet hier nicht eine Ideologie, sondern *Gnade* – das göttliche Leben und die göttliche Energie. Mission ist weder Agitation noch Indoktrination, sondern das immer tiefere Hereintreten Christi, der im Glauben seiner Jünger lebt, in unsere Welt. Die Inkulturation des Christentums ist ein Bestandteil des sich fortsetzenden Geheimnisses der Menschwerdung.

In dem zitierten Gebet wird jedoch auch gesagt, dass wir den Ruhm der Auferstehung durch das Leid und durch das Kreuz Christi erlangen. Wir können also ebenfalls von einem sich fortsetzenden Geheimnis des Kreuzes sprechen (*passio continua*) – im Zeugnis der Märtyrer, in den Wunden der Kirche und in den Wunden der Welt. Auch wenn es die umgebende Welt – uns Christen, die in der Freiheit leben, oft eingeschlossen – nicht sehen und hören will, sterben in unserer Zeit an verschiedenen Orten der Welt viel mehr Christen für ihren Glauben, als es in Zeiten der blutigen Verfolgung durch die grausamen römischen Kaiser der Fall war.

***

Unser Menschsein ist *eine Gabe*, die wir uns selber nicht geben – und es ist gleichzeitig *eine Aufgabe*, die wir unser ganzes Leben hindurch zu erfüllen lernen: die Aufgabe, ein Mensch zu sein, immer menschlicher zu werden. Ein menschliches Schicksal anzunehmen bedeutet jedoch auch, nicht nur seine Schönheit und seine Größe anzunehmen, sondern auch seine Last einschließlich unserer Endlichkeit.

Leiden und Tod als Teil des menschlichen Schicksals in der Welt und in der Geschichte, die von Sünde geprägt sind, sind auch Bestandteil unserer Verbindung mit Christus. Und gerade in der tiefen Verbindung mit ihm lernen wir diese finsteren Täler bis zum Licht der Auferstehung zu durchschreiten, zum Licht des Sieges Jesu über die Mächte der Finsternis, einschließlich der Finsternis des Todes.

Predigt für den vierten Adventsonntag

In den oben zitierten kurzen Worten, mit denen das Angelusgebet endet und mit denen die Messe am vierten Adventsonntag beginnt, sind große Schätze der christlichen Theologie verborgen, die Geheimnisse des Glaubens, die wir mithilfe der göttlichen Gnade immer tiefer durchdenken und erleben können.

Amen.

Freude für alle

Das Hochfest der Geburt des Herrn – Predigt bei der Mitternachtsmesse

> »Der Engel aber sagte zu ihnen: Fürchtet euch nicht! Denn ich verkünde euch eine große Freude, die dem ganzen Volk zuteil werden soll. Heute ist euch in der Stadt Davids der Retter geboren, nämlich der Messias, der Herr.«
>
> (Lk 2,10-11)

Am Haupttag der Weihnachtsfeiertage dürfen nach alter Tradition drei Messen zelebriert werden: um Mitternacht, beim Morgengrauen und bei vollem Tageslicht. Und bei jeder dieser Messen wird ein anderer Abschnitt aus dem Evangelium gelesen, und jeder von ihnen spiegelt auf eine andere Art und Weise das Ereignis, um das es geht, wider: Der Heiland wurde geboren, das Wort ist Fleisch geworden. Weihnachten genauso wie Ostern leiten ihren Namen von einer Nacht her.[7] In der Nacht würden wir den tiefsten mystischen Text erwarten, weil die Nacht das Symbol des

---

[7] Im Tschechischen enthalten die Wörter »Vánoce« sowie »Velikonoce« beide »noc« für »Nacht«; im Deutschen ist dies nur bei »Weihnachten« direkt, bei »Ostern« jedoch indirekt der Fall, insofern der etymologische Bezug auf die Himmelsrichtung »Osten« den Sonnenaufgang bzw. die Morgenröte als Symbol für die Auferstehung nahelegt, *Anm. d. Übers.*

Geheimnisses ist. Jedoch wird uns bei der Mitternachtsmesse zu Weihnachten überraschenderweise eine schlichte Erzählung darüber vorgelegt, wie armen Menschen ein Kind geboren wurde.

Nur der Rahmen der Geschichte scheint vergoldet zu sein: Am Anfang berührt die Erzählung die hohe Welt der Mächtigen und der Berühmten (»Es erging ein Erlass des Kaisers Augustus«) und zum Schluss erklingt ein Engelschor.

Zuerst wird die Ebene der großen Politik erwähnt: Ein kaiserlicher Erlass setzt das ganze Reich in Bewegung. Dann müssen sich Josef und Maria aus Nazareth auf ihren Weg begeben und ihn im Stall am Rande des überfüllten Bethlehem beenden. Der ihnen dort Geborene wurde sicher nicht in die kaiserliche Volkszählung aufgenommen.

Wir lesen jedoch diesen Text bereits mit dem Wissen, dass selbst Erlässe und Berechnungen der Mächtigen nicht das Wichtigste sind: Von Kaiser Augustus weiß heute die Mehrheit von uns nur die Tatsache, dass er in der Zeit herrschte, als im Stall von Bethlehem der Sohn Mariens geboren wurde. Die Geschichte, die hier beginnt, wird voll von Paradoxien sein; das, was in ihr das Wichtigste ist, verbirgt sich häufig in unscheinbaren Dingen.

Weder der Kaiser noch die anderen Machthaber, die in diesem Abschnitt des Evangeliums erwähnt werden, haben wirklich Geschichte geschrieben – sondern jenes Kind, das im Stall geboren wurde, für das kein Platz unter den Dächern von Bethlehem gefunden wurde. Seine Botschaft hatte und hat eine inspirierende, heilende und verwandelnde Kraft; es ist jedoch notwendig, sie stets neu zu bewahren und zu bezeugen.

Das Schlüsselwort des Evangeliums, der frohen Botschaft desjenigen, dessen Geburt wir heute feiern, und der Inhalt sei-

Predigt bei der Mitternachtsmesse

ner ersten Predigten ist *metanoia* – Verwandlung, Umkehr. *Kehrt um* – das bedeutet viel mehr als nur »bessert euch«. Es bedeutet: Verändert eure starre Haltung, führt eine Bewegung, eine Umkehr durch, die es euch ermöglicht, alles aus einem anderen Blickwinkel, auf eine andere Art und Weise, in einer breiteren Perspektive zu sehen.

Der christliche Glaube sagt uns, dass der Punkt Alpha und Omega, der Beginn und das Ende der gesamten Entwicklung, kein schweigendes Geheimnis in den Fernen des Raums und der Zeit ist. Das Geheimnis, das inmitten der Heiligen Nacht die Weihnachtsgeschichte von der Geburt des Kindes in der Krippe von Bethlehem durchblicken lässt, bringt dann der Prolog zum Evangelium nach Johannes mit dem folgenden Satz zum Ausdruck: »Im Anfang war das Wort. […] Und das Wort ist Fleisch geworden« (Joh 1,1.14). Das ist der Kern der weihnachtlichen frohen Botschaft.

***

»Im Anfang war das Wort« – Erasmus von Rotterdam übersetzte jenen Satz ursprünglich: *In principio erat sermo* – am Anfang war die Ansprache, die Verkündigung oder Predigt, die Anrede, das Gespräch.

Für feinfühlige und offene Herzen ist diese Anrede schon die Schöpfung selbst, die Natur, das Drama der Entwicklung, das hinreißende Konzert der Evolution, eines ununterbrochenen Entstehungsprozesses, durch den Gott kontinuierlich zu uns spricht. Schöpfung – das bedeutet eine sich kontinuierlich wandelnde Welt – ist schon Gottes Sprechen, Verkündigung von Gott selbst.

Freude für alle

Der zentrale Moment der Evolution des Universums ist jedoch der Augenblick, in dem während dieser göttlichen Komposition ein neues Motiv voll erklingt: der Weihnachtshymnus über die liebende Verbindung des Göttlichen mit unserem Menschsein. Hier beginnt ein weiteres Kapitel der *Menschwerdung*, der Vermenschlichung der Welt.

Das Weihnachtsevangelium sagt uns, dass der höchste Ausdruck des göttlichen Wortes, der göttlichen Selbstmitteilung und Selbstgabe, die Menschlichkeit ist – und die Fülle der Menschlichkeit sehen wir *in der Mitmenschlichkeit Jesu*. Die Menschlichkeit Jesu, die ganze menschliche Geschichte Jesu, die in einer Nacht im Stall von Bethlehem begonnen hat, ist ein Fenster, durch das wir das göttliche Herz erblicken können.

Das unerschöpfliche Geheimnis wird menschlich verständlich und menschennah. Gott ist durch das Weihnachtsgeheimnis nicht nur nach Bethlehem, sondern in das Menschsein als solches eingetreten. Das Geheimnis der Menschwerdung ist tatsächlich – wie wir es im Evangelium nach Lukas gehört haben – nicht nur für die Hirten auf den Weiden von Betlehem vorgesehen, sondern für *alle Menschen* – für alle Generationen. Es richtet sich an jeden von uns.

Diese Botschaft wird durch das Ereignis der Osternacht wesentlich ergänzt: Es sagt uns, dass, was in der Höhle von Bethlehem begonnen hat, nicht in dem Felsengrab außerhalb der Stadtmauern von Jerusalem zu Ende ging. Die Geschichte Jesu, Jesus selbst, lebt im Raum unseres Glaubens, im Zeugnis der Christen, in der Verkündigung und im Feiern der Kirche weiter.

***

Predigt bei der Mitternachtsmesse

Noch einer Sache sollte man sich bewusst werden; der große Prophet unserer Zeit, Papst Franziskus, erinnert uns ständig daran: Wir Christen haben kein *Monopol* auf Jesus und auf die göttliche Liebe, die sich in ihrer Fülle in Jesus äußerte. Jesus kam als eine göttliche Gabe *für alle*, nicht um »ein Privatbesitz« der christlichen Kirchen zu werden.

Jesus kommt in unsere Welt auch immer wieder in vielen verborgenen Gestalten außerhalb der sichtbaren Mauern der Kirche; Jesus zu folgen bedeutet, sich auf *das Abenteuer der Suche nach Christus* zu begeben, der seine Anonymität, seine Verkleidungen und Masken – wie uns die Schilderung des Jüngsten Gerichts im Matthäusevangelium sagt – erst am Ende der Geschichte ablegen wird.

Erst dann wird sich zeigen, dass Jesus wie einst nach Bethlehem während der ganzen Geschichte immer wieder unter uns gekommen ist: als Kind unwillkommener Eiwanderer, vor denen die Menschen von Bethlehem ihre Türen und Herzen geschlossen haben, für die – wie das heutige Evangelium sagt – unter dem Dach, in den Wohnungen der Frommen und Gerechten kein Platz war.

Das Weihnachtsevangelium ist keine Idylle für eine sentimentale, süßliche Frömmigkeit, kein Dessert nach einem opulenten Weihnachtsmahl, sondern eine aufrüttelnde Aussage über den fortdauernden Egoismus in der Welt, an deren Tür Maria und Josef vergebens anklopfen.

Das wahre Christentum ist keine erstarrte religiöse Ideologie, kein System von Ritualen und Bräuchen, Vorschriften und Verboten. Es ist das Abenteuer der Suche nach dem lebendigen Christus in unserer Zeit, in unserer Welt, in unserer Gesellschaft. Oftmals hat Jesus, der immer wieder zu uns kommt, nur einen *Identitätsausweis*, nämlich denjenigen, mit dem er sich nach der Auferstehung bei seinen Jüngern ausgewiesen und mit dem er den Glauben des zweifelnden Thomas auferweckt hat: seine Wunden. Und beachten wir auch, dass er durch die verschlossene Tür der Angst gehen kann, dass er unsere Angst überwindet.

***

Wir feiern Weihnachten in einer schweren Zeit. Die Christlichkeit von Weihnachten besteht nicht nur darin, dass man Krippen baut, Weihnachtsbäume schmückt, Weihnachtslieder singt oder auch Weihnachtsgottesdienste besucht.

Gott ist in unser Menschsein gekommen – und er tut es immer wieder –, um uns von allen Projektionen unserer Ängste und Wünsche, von falschen Götzen zu befreien, die uns versklaven und Aberglauben und Angst hervorrufen. Er kommt als Licht, das unsere Herzen, unsere Vernunft und unser Gewissen erhellt, er lädt uns zur Liebe, zur Freiheit, zur Wahrheit und zur Freude ein.

Diejenigen Menschen, die sich vom Egoismus ab- und der Liebe zuwenden, können auch in den finsteren und kühlen Nächten der Geschichte wie ein Stern strahlen, der uns den Weg nach Bethlehem zeigt. Und wie das Evangelium sagt: »Und das Licht scheint in der Finsternis, und die Finsternis hat es nicht ergriffen.« (Joh 1,5).

Amen.

Der Weihnachtswunsch Gottes

Das Hochfest der Geburt des Herrn – Predigt bei der Morgenmesse

> *»Allmächtiger Gott,*
> *dein ewiges Wort ist Fleisch geworden,*
> *um uns mit dem Glanz deines Lichtes zu erfüllen.*
> *Gib, dass in unseren Werken widerstrahlt,*
> *was durch den Glauben in unserem Herzen leuchtet.«*
> (Feierlicher Weihnachtssegen)

Meine Lieben,

vor vielen Jahren habe ich zu Weihnachten ein schönes Buch gefunden; es hieß *Kinderbriefe an den lieben Gott*. Ein Lehrer in England gab Kindern die Aufgabe, vor Weihnachten einen Brief an Gott zu schreiben. Es entstand so ein Zeugnis einer beachtenswerten Kindertheologie, die von schöpferischer Vorstellungskraft durchwoben wurde.

Der Brief eines kleinen Jungen war kurzgefasst und prägnant: »Herr Gott, mach aus mir einen Vogel. Wenn du mir das erfüllst, verspreche ich dir, dass ich dich lange nicht um etwas anderes bitten werde.«

Diesen Wunsch, der manchmal in Träumen in Erfüllung geht, verstehe ich gut; er verlässt uns nicht einmal im erwachsenen Alter. Es ist der Wunsch, über den Bergen von Problemen schweben zu können, hoch über den verletzenden Klippen und gefährlichen Abgründen unserer Welt, über den finsteren Tälern des Schmerzes, über den Wüsten der Hitze und des Durstes, über den unübersichtlichen Urwäldern und über den verstaubten Landschaften des Alltäglichen. Es ist der Wunsch, auf und über alles hinweg sehen zu können. Wäre das nicht wunderschön?

Ist aber dieser Wunsch, über allem zu schweben, nicht nur eine Variante der Versuchung, der unsere Ureltern Eva und Adam laut den ersten Seiten der Bibel erlegen sind? Geht es nicht um die Versuchung, »wie Gott zu sein«, der Gott zu sein, der alles sieht und kennt, der das Gute und das Böse kennt und sogar selbst bestimmt, was das Gute und was das Böse ist? Kreist nicht ab und zu diese Versuchung um das Herz eines jeden Menschen? Erliegen nicht auch wir diesem Wunsch, Gott zu spielen, die Welt in die eigene Hand zu nehmen, den Platz zu verlassen, den Gott für den Menschen bestimmt hat, und das zu ergreifen, was Gott für sich selbst vorbehalten hat?

***

In der Weihnachtsbotschaft erfahren wir jedoch etwas äußerst Überraschendes. Im Herzen Gottes ist ein ganz anderer Wunsch: der Wunsch, ein Mensch zu sein.

»Der in der Daseinsweise Gottes war,« lesen wir beim heiligen Paulus, »hielt nicht daran fest, Gott gleich zu sein, sondern er entäußerte sich selbst, nahm Sklavendasein an und wurde den Menschen gleich. Im Äußeren erfunden als Mensch erniedrigte er sich selbst ...« (Phil 2, 6-8). Ähnlich wird im Prolog des

Predigt bei der Morgenmesse

Evangeliums nach Johannes folgendes geschrieben: »Im Anfang war das Wort, und das Wort war bei Gott, und Gott war das Wort. [...] Und das Wort ist Fleisch geworden« (Joh 1, 1.14).

Gott, der für uns zunächst fern und unbegreiflich ist, der alles übersteigt, *dieser Gott will sich verständlich machen*: Er sendet sein Wort. Das Wort im Anfang, das »bei Gott war, das Gott war«, das Wort, durch das Gott sich vollständig selbst aussagen wollte – ist Mensch geworden.

Gott gibt den Menschen sein Wort und nimmt es nicht zurück. Jenes schöpferische Wort voller Leben und Kraft, das Wort, durch das alles entstanden ist, was es gibt. Das von den Propheten überlieferte Wort, das Wort, das Gott mitteilt und gibt, durchschreitet die ganze Heilsgeschichte. *Und die letzte, endgültige und vollkommene Form dieses Wortes ist die Menschlichkeit Jesu Christi.*

In ihm wird Gottes Zukunft zur Gegenwart, die Verborgenheit Gottes bekommt in ihm ein menschliches Antlitz, die göttliche Unbegreiflichkeit und Unaussprechlichkeit bekommt in ihm ihren Namen.

Der Gott, von dem unser Glaube spricht, ist kein ferner Gott mehr: Er ist *Emanu-el*, Gott mit uns. Der Gott, der mit uns als einer von uns sein wollte. Der Gott, dem nichts Menschliches fremd ist. Gott *verwandelt unser Menschsein, indem er sich selbst verkörpert.*

Das Menschsein ist der heilige Ort, an dem Gott uns begegnet. Es muss etwas Großartiges sein, ein Mensch zu sein, wenn Gott selbst ein Mensch sein will.

***

Der Weihnachtswunsch Gottes

Im Sinne dieses Weihnachtsglaubens sagen wir, dass es *etwas Großes und Heiliges ist,* ein Mensch zu sein. Wir glauben, dass jeder, der sein eigenes Menschsein und das Menschsein der anderen dankbar und verantwortlich, *als Gabe und Aufgabe*, annimmt, schon dadurch Gott begegnet.

Die Konsequenz aus dem Geheimnis der Menschwerdung ist, dass jeder Mensch *bereits durch sein Menschsein* auf eine bestimmte Art und Weise Gott, das fleischgewordene Wort, berührt, und das noch bevor er Gott erkennt und bekennt – und sogar auch dann, wenn er ihn nicht erkennt, wie Karl Rahner lehrt.

Mensch und Gott, Gott und Mensch gehören wesentlich zusammen. Deshalb gehören auch unser Glaube an Gott und unser Glaube an den Menschen unzertrennlich zusammen.

Gott ist dort, wo der Mensch ist – und auch diese Hoffnung ist Teil unseres Weihnachtsglaubens. Deshalb sind wir dazu verpflichtet, die Größe und Würde des Menschen, seine Rechte und seine Freiheit zu verteidigen.

***

Wenn die Zeit erfüllt ist, so sagt uns die Weihnachtsbotschaft, kommt Gott in die menschliche Geschichte: Er kommt so nah wie nie zuvor: Er kommt als ein Kind ohne Zuhause, nackt wie jedes neugeborene Kind, das nichts anderes als Hoffnung und Verheißung ist.

Die ersten, die vom Neugeborenen gehört haben, waren die Hirten. Die Hirten finden *ein Zeichen*, das ihnen durch eine Stimme aus der Höhe verkündet wurde. Es ist tatsächlich ein merkwürdiges Zeichen: ein Kind, das in einem Stall geboren wurde und in einer Futterkrippe liegt.

Predigt bei der Morgenmesse

Zusammen mit den Hirten sehen wir die menschliche, die zerbrechliche und die verletzliche Seite – gerade sie ist jedoch *das Zeichen*. Dieses Zeichen verweist auf das Geheimnis, in das nur der Mut des Glaubens, der Wunsch der Hoffnung und die Demut der Liebe eintreten können. Dieses Geheimnis ist die Erkenntnis, dass sich in diesem Kind jener Nacht von Bethlehem Himmel und Erde begegneten, *die Offenheit des Himmels, die man Gott nennt, und die Offenheit der Erde, die man das menschliche Herz nennt.*

Das, was Gott uns eröffnet, heißt Liebe; das, was das menschliche Herz für Gott öffnet, heißt Glaube und Hoffnung.

In dem, der uns da geboren wurde, trifft die Frage, die der Mensch ist, auf die Antwort, die Gott ist. In ihm wird der eigentlichste Sinn des menschlichen Daseins offenbar, in ihm findet die wesentliche Offenheit unseres Menschseins ihre Erfüllung, in ihm erkennen wir, dass *der Mensch ohne Gott nicht ganz ist*.

Wir können es mit anderen Worten zum Ausdruck bringen: ein Mensch ohne Liebe ist kein ganzer Mensch. Zu einem lebendigen Gott, dessen einzige Macht die Liebe ist, zu demjenigen, der die Nacht von Bethlehem durch das Geschenk seines Sohnes erstrahlen ließ, führt der Weg einer liebevollen Selbsthingabe. Es ist ein Weg, der nie am einzelnen Menschen vorbeiführt.

»Herrlichkeit in den Höhen für Gott und auf der Erde Friede den Menschen seines Wohlgefallens!« (Lk 2,14)

Amen.

Werden wir zum Geschenk

Das Hochfest der Geburt des Herrn – Predigt bei der Tagesmesse

> *»Und das Wort ist Fleisch geworden und hat unter uns gewohnt.«*
>
> (Joh 1,14)

Wir haben gerade einen der heiligsten, schönsten und tiefsten Texte der ganzen Schrift gehört, den Prolog aus dem Evangelium nach Johannes. Die alten Kirchenväter im ägyptischen Alexandria liebten diesen Text dermaßen, dass sie glaubten, allein das fromme Vorlesen dieses Hymnus würde schon die Welt heilen.

Bereits heute im Morgengrauen, als wir die Geburt des Herrn reflektierten, berührten wir diesen Text, diesen Satz, dass »das Wort Fleisch geworden ist«. Wir haben gesehen, dass die von Ewigkeit her bestehende Sehnsucht, die in den Tiefen des menschlichen Herzens schlummert, der Wunsch *Gott zu sein*, sich an Gottes Stelle zu setzen, von Gott in der Stille der Weihnacht damit beantwortet wird, dass er sich selbst *an unsere Stelle setzt*. Sein Wort nimmt unser Menschsein an und zugleich mit seiner Last und Endlichkeit auf sich.

Wir, die wir stolz wie Adam hochsteigen und uns an die Stelle Gottes setzen wollen, hören die Botschaft, dass Gott in seiner Demut an unsere Stelle heruntersteigt: Sein Wort »hat unter uns gewohnt«, sagt der Prolog aus dem Johannesevangelium.

***

Wir haben überlegt, was sich daraus für unser Menschenbild ergibt: für unsere Verpflichtung, die Würde, die Rechte und die Freiheit jedes einzelnen Menschen zu verteidigen. Fügen wir jedoch nun zu dieser Reflexion noch einen weiteren Teil hinzu, der vielleicht zunächst wie ein überraschender Gegensatz klingen mag. Die alten Kirchenväter, Theologen der bereits erwähnten alexandrinischen Schule wie Origenes oder Clemens von Alexandria, zögerten nicht zu lehren, dass Gott Mensch geworden ist, damit der Mensch Gott werden kann.

So hat sich jener Wunsch, »Gott zu sein«, letztendlich doch erfüllt – aber nicht auf die Art und Weise Adams, nicht dadurch, dass der Mensch in seinem Stolz und seiner Eroberungslust versuchte, einen Platz einzunehmen, der ihm nicht zusteht. Es ist das genaue Gegenteil passiert: Gott neigte sich in seiner Liebe zu uns herab und erhob unser Menschsein dadurch zu sich. *Derjenige, der an unserem Menschsein Anteil nimmt, lässt uns an seiner Gottheit teilhaben.* Das ist der wirkliche Höhepunkt von Weihnachten.

Der Priester spricht bei jedem Gottesdienst, wenn er im Kelch Wein und Wasser vermischt, im Stillen dieses Gebet: »Wie das Wasser sich mit dem Wein verbindet zum heiligen Zeichen, so lasse uns dieser Kelch teilhaben an der Gottheit Christi, der unsere Menschennatur angenommen hat.« Gib, dass unser Menschsein jener Wassertropfen ist, der dem funkelnden, starken Wein der göttlichen Freude und des göttlichen Ruhmes beigemischt wird.

***

Mensch und Gott gehören auf eine geheimnisvolle Art zusammen. Manche Denker der Neuzeit – der bekannteste von ihnen ist Ludwig Feuerbach, aber nach ihm wiederholten es Karl Marx und Sigmund Freud und auf eine gewisse Weise auch Friedrich Nietzsche – legten diese Beziehung so aus, dass *Gott eine Projektion des Menschen* sei. Gott sei die Projektion menschlicher Wünsche und menschlicher Angst in den Himmel hinein.

Aber wir sollten nicht zögern, zu fragen: Ist nicht eher das Gegenteil der Fall?

Sagt uns nicht unser Glaube, dass *der Mensch die Projektion Gottes ist* – dass der Mensch die Frucht *des göttlichen Wunsches* und der göttlichen Liebe ist?

Wir sind hier, weil Gott in seiner Weisheit und in seiner Liebe sich das so gewünscht hat. Unser Menschsein machte er zur endgültigen Gestalt seines Wortes, seiner Selbstdarstellung, über die wir heute Nacht meditiert haben.

Nicht nur das Menschsein Christi, sondern *das Menschsein eines jeden von uns* ist das, wodurch sich Gott zum Ausdruck bringt. Das lesen wir auch bei den heiligen Vätern der alten Kirche, welche folgendermaßen über die göttliche Menschwerdung in Christus nachdenken: *Das, was von Christus als verwirklicht gilt, gilt pontenziell für jeden von uns.*

Das Wort Gottes hat »die menschliche Natur« angenommen – also *jenes Menschsein, an dem jeder von uns teilhat*. Besondere Beachtung verdient die Tatsache, dass jeder Mensch schon dadurch daran teilhat, dass er Mensch ist, also nicht durch seine »religiöse Überzeugung«, durch seine Frömmigkeit, Moral, Erkenntnis oder gute Taten. Jeder Mensch als solcher – ja, auch ein Heide, ein Atheist, der schlimmste Sünder – »berührt« *durch sein Menschsein* auf eine gewisse Weise das Geheimnis der Menschwerdung – er nimmt daran Anteil. Er nimmt Anteil an der göttlichen Natur.

Sicherlich ist es heute für uns ziemlich schwer, in diese Art der Reflexion über »das Menschsein als solches«, über unsere gemeinsame Natur *(natura)* hineinzukommen, weil wir es uns abgewöhnt haben, in metaphysischen Naturkategorien zu denken und stattdessen das Menschsein personalistisch und individualistisch als konkretes Menschsein eines jeweils bestimmten Menschen begreifen. Vor der Aufklärung und dem modernen Humanismus haben Philosophen und Theologen jahrhundertelang auf jene metaphysische Weise nachgedacht. Die Idee des gemeinsamen Menschseins ist aber dermaßen stark, dass es sich lohnt, zu versuchen, sie auf eine Weise neu zu durchdenken oder zu deuten, sodass sie uns näher und verständlicher wird.

***

Das Drama unseres Menschseins, des Lebens eines jeden Einzelnen von uns, spielt sich zwischen zwei Polen ab, zwischen zwei Arten des Menschseins und wie sich die Beziehung zwischen Mensch und Gott verstehen lässt. Der erste Pol ist Adam: das Symbol für das menschliche Streben danach, die göttliche Position einzunehmen, rücksichtslos und willkürlich darüber zu entscheiden, was gut und böse, was richtig und falsch ist. Die

Predigt bei der Tagesmesse

Tradition nennt das Bestreben Adams, das wir wiederholen und mit unseren Sünden fortsetzen, als »Ursünde« oder »Erbsünde«.

Den zweiten Pol stellt der neue Adam dar: Christus. In ihm neigt sich Gott zum Menschen, er begibt sich auf »unsere Position« und eröffnet den Raum für eine liebevolle Begegnung, ja sogar für eine Vereinigung der menschlichen und der göttlichen Natur. Das ist das Wesen der Menschwerdung. Sie wird im Leben Christi verwirklicht und gipfelt in dem »Neuen Bund« in seinem Blut, den wir durch unseren Glauben bekräftigen, indem wir in Christus und mit Christus leben, indem wir nach dem Vorbild Jesu leben – sowie durch die Feier der Eucharistie, durch das Gedächtnis unseres Heils.

Christus und sein Heilswerk ist das größte und eigentlichste Geschenk Gottes, auf das auch wir in allen Formen von gegenseitigem Beschenken, von Aufmerksamkeit und Liebe antworten. Erfüllen wir den Wunsch Gottes: werden wir zu Menschen, die ein Geschenk für andere sind. Werden wir zum Geschenk – und das nicht nur an Weihnachten!

Amen.

Familie für alle

Predigt am Festtag der Heiligen Familie

»Kind, warum hast du uns das angetan? Dein Vater und ich haben dich mit Schmerzen gesucht.«

(Lk 2,48)

Meine Lieben,

am Festtag der Heiligen Familie wird unsere Kirche bereits seit mehreren Jahren zu einem Zufluchtsort derer, für die traditionelle Predigten, die an diesem Tag in vielen Kirchen erklingen, so schwer erträglich sind wie einst für mich.

Was habe ich gegen diese Predigten, bei denen Prediger vom idyllischen Bild der Heiligen Familie schwärmen und es heutigen Familien als Vorbild vorhalten? Vor allem dass sie in den biblischen Text das idealisierte Modell der patriarchalischen Mittelstandsfamilie des 19. Jahrhunderts projizieren – eine Art von Familie, die der Prediger selbst nicht hat, in der auch seine Zuhörer nicht leben und in welcher die Heilige Familie in Nazareth ganz sicher nicht lebte. Sie lebte den Lebensstil der armen Juden in Galiläa zur Zeit des Römischen Reiches, unter Bedingungen, die sich nur schwer auf die heutige Zeit übertragen und als Vorbild verstehen lassen, um sie unseren Zeitgenossen als nachahmenswertes Beispiel zu präsentieren.

Das gilt übrigens für die meisten biblischen Texte, in denen vom Familienleben gesprochen wird: Sie schildern einen patriarchalischen Familientypus, der auf einer sehr starken Männerrolle und auf ergebenem Gehorsam der Frauen und Kinder basiert, die zudem durch häufig empfohlenes Schlagen gebändigt werden. Dieses Modell lässt sich nicht wiederherstellen; und falls sich manche Christen darum bemühen, endet es nicht selten in Familientragödien.

Vieles, was sich seit diesen Zeiten radikal verändert hat, sollte man dankbar annehmen. Dazu gehören die Anerkennung der Würde der Frau, diese grundlegende Voraussetzung für ihre vollständige Teilhabe am gesellschaftlichen und beruflichen Leben, das Verständnis von gleichberechtigter Partnerschaft – anstatt Unterwerfung und ehrerbietigem Gehorsam. Dies alles sind große Früchte der Entwicklung in der westlichen Gesellschaft innerhalb der wenigen letzten Generationen, die wir auf keinen Fall einem fundamentalistischen Nachahmen der im Alten Testament beschriebenen Verhältnisse opfern sollten.

Wenn wir die Schrift aufmerksam lesen, finden wir auch Belege dafür, dass das Familienleben selbst in jenen biblischen Zeiten nicht immer so idyllisch geordnet war, wie es uns diese kitschig romantisierenden Predigten schildern. Auch in jenem Abschnitt aus dem Lukasevangelium, der gerade an diesem Festtag gelesen wird, lesen wir von einem Konflikt in der Heiligen Familie, als Jesus seinen Eltern verlorenging: »Kind, warum hast du uns das angetan? Dein Vater und ich haben dich mit Schmerzen gesucht.« Und Jesus konnte seinen Eltern nicht vollständig erklären, was er tat und warum er das tat, weil sie es zu dem Zeitpunkt nicht hätten verstehen können. Selbst in

Predigt am Festtag der Heiligen Familie

dieser Heiligen Familie konnte so etwas wie Missverständnisse und Konflikte vorkommen.

Die Heiligkeit der Familie ergibt sich nicht dadurch, dass es dort keine Konflikte gibt. Der Familienfrieden hängt eher davon ab, wie die Menschen mit den angespannten Situationen umgehen: ob die Eltern dazu in der Lage sind, das Geheimnis ihres Kindes zu respektieren; ob der Heranwachsende, auch wenn er sich zu etwas berufen fühlt, das den Familienhorizont überschreitet, trotzdem inmitten seiner Familie zu leben vermag, ohne seine Eltern ständig zu verletzen und zu provozieren; ob beide Seiten dazu in der Lage sind, manchmal von ihren Ansprüchen zurückzutreten und mit den Augen des Anderen zu schauen.

***

Heute hören wir von allen Seiten, dass es in unserer westlichen Gesellschaft eine tiefe Krise der Familien gibt – und sicher würde jeder von uns viele Belege dafür nicht nur in den demografischen und soziologischen Studien, sondern auch aus seinem nahen oder ferneren Umfeld finden, manchmal sogar aufgrund eigener persönlicher Erfahrung.

Kein Wunder, dass die Kirche, oft durch den Mund der Päpste, ununterbrochen in den Reihen der Gläubigen den Willen mobilisiert, die Stabilität des Familienlebens aufrechtzuerhalten. Auch ich wiederhole jedes Jahr meine Bewunderung, meine Hochachtung und Dankbarkeit gegenüber allen, die in dieser Zeit den Mut haben, eine Ehe zu schließen, die mit dem Versprechen einer lebenslangen Achtung, Liebe und Treue verbunden ist, um Kinder zu zeugen und gut zu erziehen. Ich selbst bin in einer harmonischen Familie aufgewachsen, wofür ich Gott und meinen Eltern unheimlich dankbar bin und was ich allen Kindern aufrichtig wünsche.

Wir sollten uns aber eingestehen, dass dies heute eine viel schwierigere Aufgabe ist als je zuvor. Billige moralisierende Aufforderungen werden uns nicht helfen. Wir leben tatsächlich in einer Zivilisation, die das Familienleben in vieler Hinsicht nicht begünstigt. Und hier meine ich nicht nur die Dinge, die in vielen Predigten permanent verdammt werden: »den Egoismus, den Konsumismus, den Materialismus, den Hedonismus…«. Diese populäre Aufzählung der modernen Laster ist leider zu einem überstrapazierten kirchlichen Klischee geworden, sodass unsere Klagen niemand mehr ernst nimmt, so ernst es auch ist.

Denn es ist nicht die ganze Wahrheit über die Ursachen der Familienkrise. Auch die unzweifelhaft positiven Werte wie die Bemühung um Bildung oder der ganze Komplex von Veränderungen, die mit der bereits erwähnten Emanzipation der Frau verbunden sind, gerieten in Konflikt mit den Ansprüchen des Familienlebens. Es gibt hier auch eine Reihe von ökonomischen und sozialen Problemen, mit denen Familien heute konfrontiert sind, Wohnungsprobleme, die Notwendigkeit, häufiger umziehen zu müssen, und so weiter. Wenn ein Prediger den Menschen von heute als ideales Vorbild eine Familie aus der traditionellen Gesellschaft präsentiert, die nie wieder zurückkehrt, und wenn er großzügig all die Umstände übergeht, mit welchen die heutigen Familien konfrontiert sind, spricht er unverantwortlich.

***

Predigt am Festtag der Heiligen Familie

Genderstudien, die viele Kirchenvertreter von ihren Kanzeln aus verdammen, ohne sie je gelesen zu haben, zeigen uns geschichtliche Veränderungen im Verständnis von Familie, von Männer- und Frauenrollen. Sie widerlegen die naive Vorstellung davon, dass wir ahistorisch von irgendeiner ewigen und unveränderbaren natürlichen Familie sprechen können. Was für ein Modell der Familie und Ehe haben die Verteidiger der natürlichen Familie im Sinn? Eine Familie in biblischen Zeiten, als Polygamie geläufig war, die Kultur im antiken Griechenland, die gleichgeschlechtliche Beziehungen akzeptierte, eine mittelalterliche Familie oder eine bürgerliche Familie im 19. Jahrhundert oder eine heutige Familie – und falls ja, dann eine Familie in Europa oder in Arabien oder in Afrika? In verschiedenen Geschichtsetappen und in verschiedenen Kulturkreisen finden wir nämlich eine enorme Vielfalt von Typen und Stilen des Familienlebens – und die Zukunft wird sicher noch weitere mit sich bringen. Welche von ihnen und aufgrund welcher Kriterien erklären wir für ewig und natürlich?

Es ist wahrscheinlich, dass sich soziale und ökonomische Verhältnisse in den nächsten Jahrzehnten erneut so radikal ändern werden, wie sie sich im Verlauf des 20. Jahrhunderts geändert haben, und dass sich diese Veränderungen in der Kultur der zwischenmenschlichen Beziehungen und im Stil des Zusammenlebens widerspiegeln werden. Die fortschreitende Digitalisierung der Produktion wird zu noch radikaleren gesellschaftlichen Veränderungen führen als die industrielle Revolution. Vielleicht wird jene Art der Beschäftigung, die wir gewohnt sind, bei der die Menschen für acht Stunden täglich an fünf Tagen die Woche in die Arbeit gehen und in der Regel einen Arbeitgeber haben, fast verschwinden. Infolge der weiteren Verbreitung von Computertechnik werden wahrscheinlich immer mehr Menschen zu Hause arbeiten oder eine unregelmäßige Arbeitszeit oder Teilzeitstellen bei verschiedenen Arbeitgebern haben. Vielleicht wird die Massenmigration in die Großstädte aufhören, weil die physische Nähe für den Arbeitsprozess überhaupt nicht mehr wichtig ist. Und vielleicht wird sich dann infolgedessen das Leben in den kleinen Ortschaften wieder entwickeln, wo die Menschen ruhiger und gesünder leben. Die jüngste Pandemie, die wahrscheinlich nicht die letzte sein wird, zeigte jedoch, wie unerwartete Einflüsse die Gesellschaft erschüttern können und wie sie sich auch auf das Familienleben auswirken. Was alles kann noch kommen und ganze Gesellschaften verändern, einschließlich der Lebensweise von Familien?

Bei dem stereotypen kirchlichen Wehklagen über die moderne Zeit sollten wir mögliche Alternativszenarien nicht vergessen, die schon jetzt vielerorts im Entstehen begriffen sind und bei weitem nicht nur katastrophal sein müssen.

***

Bei den Überlegungen zur Familie möchte ich noch an zwei Sachen erinnern. Sind wir uns jemals ausreichend bewusst geworden, dass die Vorstellung, die für uns selbstverständlich ist, dass Menschen aus Liebe, aufgrund einer gegenseitigen emotionalen Beziehung heiraten, eigentlich eine Erfindung der Romantik des 19. Jahrhunderts ist? In den Jahrhunderten davor – einschließlich der biblischen Zeit – wurden eheliche Beziehungen durch etwas anderes als die gegenseitige emotionale Zuneigung zweier Menschen getragen. (Nicht dass es zum Beispiel im Mittelalter keine romantische Liebe gegeben hätte – aber sie wurde erstaunlicherweise kaum mit einer Ehe verbunden.)

Ehepartner wurden meistens von den Eltern ausgewählt, oft unter Berücksichtigung von ökonomischen Interessen – und die beiden waren darauf angewiesen, dass sie sich einfach aneinander gewöhnen. Merkwürdigerweise deutet nichts darauf hin, dass die Ehen unter diesen Umständen wesentlich unglücklicher oder weniger stabil waren als in den letzten zwei Jahrhunderten.

Verstehen Sie mich richtig: Ich möchte auf keinen Fall die Vergangenheit idealisieren und die Modelle der Vergangenheit als Vorbild für unsere Zeit anbieten. Nur würde ich manchmal gerne einige sich scheidende Eheleute, die mit einer Scheidung die Situation lösen wollen, dass sie eine bestimmte Zeit lang füreinander nichts mehr fühlen, an diese Erfahrung der vorhergehenden Jahrtausende erinnern, die bis heute in der Mehrheit der nicht-westlichen Gesellschaften üblich ist. Sollte der Zustand unserer Emotionen tatsächlich unter allen Umständen das letzte und entscheidende Wort haben?

Die Familie stützte sich jahrtausendelang auf das Zusammenleben von mehreren Generationen. Das Zusammenspiel der Generationen ist heute wahrscheinlich mehr bedroht als alles andere. Ich kann mir sogar vorstellen, dass in diesem Jahrtausend der Generationenkonflikt an die Stelle jener Sozial-, Rassen- und Nationalkonflikte treten wird, welche die letzten zwei Jahrhunderte so tragisch geprägt haben.

Da in wohlhabenden Gesellschaften die Menschen immer älter und gleichzeitig immer weniger Kinder geboren werden, wird es für die Erwerbstätigen in absehbarer Zeit sehr schwierig werden, die wachsende Zahl von Rentnern versorgen zu können. Dazu kommt der Verlust der Achtung vor dem Alter als

Wert, der in den traditionellen Gesellschaften so wichtig war und den ich vor Jahren bei meinen zwei Reisen nach Japan beobachtet habe. Nach der Kulturrevolution des Jahres 1968 siegte im Westen der Jugendkult – infolgedessen überwog auch die Auffassung vom Alter als Mangel, als Krankheit, als Handicap, das wir kosmetisch oder anders vertuschen müssen.

Es ging der Sinn dafür verloren, dass das Alter seinen eigenen Wert hat, dass es auch seine ästhetische Qualität hat – erinnern wir uns zum Beispiel an die Schönheit der alten Gesichter in den Gemälden von Dürer oder Rembrandt.

Ich möchte keine finstern Visionen malen, aber wenn die Abwertung des Alterswertes zunimmt und die alten Menschen immer mehr als Belastung für die Gesellschaft und die eigene Familie empfunden werden, sollten wir uns darüber Gedanken machen, wie in Zukunft die Legalisierung von Euthanasie, für die bei uns jetzt bestimmte Gruppen vehement Lobby machen, entsetzlich missbraucht werden könnte.

***

Ich fürchte, dass wir Christen und Prediger besonders – und zwar nicht nur in den Predigten über den Festtag der Heiligen Familie – in der aufrichtigen und notwendigen Bemühung, bedrohte Familienwerte zu verteidigen, in eine bestimmte Ideologisierung der Familie verfallen. Nicht nur in dem Sinne, dass wir allen unseren Gläubigen – ohne Rücksicht auf ihre spezifische Situation und die realen Möglichkeiten – ein heutzutage einigermaßen problematisches Ideal der katholischen Familie mit sieben bis zehn Kindern aufzwingen. Sind sich die Prediger, die an diesem Festtag idealisierte Muster einer christlichen harmonischen Familie eloquent darlegen, bewusst, wie sehr sie mit ihren Worten nicht wenige ihrer Zuhörer verletzen können, die – ohne es freiwillig gewählt zu haben – weit weg von diesen glücklichen Inseln leben?

Jedes Jahr wiederhole ich an diesem Festtag die Warnung, dass wir in den »Kulturkämpfen um Ehe und Familie« und in den »Märschen für das Leben und die Familienwerte« nicht die menschliche Situation und Würde derjenigen übersehen, die aus verschiedenen Gründen keine Familie und Kinder haben – diejenigen, deren Familie zerfallen sind, diejenigen, die von ihren Partnern verlassen wurden, diejenigen, welche eine andere sexuelle Orientierung und trotzdem das natürliche Bedürfnis nach einer Partnerschaft und Intimität haben, oder diejenigen, die in sich nicht genug Entschlossenheit oder Eignung für eine Ehe gefunden haben oder einfach nicht das Glück hatten, einen geeigneten Partner zu finden.

Seit vielen Jahren begrüße ich die Schritte des Entgegenkommens und des Einverständnisses seitens des Staates, der Gesellschaft und der Kirchen gegenüber Menschen, die mit ihrer sexuellen Orientierung in der Minderheit sind; ich bin jedoch weder Befürworter von »Pride-Paraden« noch von der Kampagne unter dem Schlagwort »Ehe für alle«. Ich bin für die rechtliche Gleichstellung gleichgeschlechtlicher Partnerschaften mit der Ehe zwischen Mann und Frau, nichtsdestotrotz warne ich davor, durch Verwirrung der Sprache und Wortverdrehungen den Unterschied zwischen homosexuellen Partnerschaften und der Ehe zu verwischen, die Ausdruck einer wesentlichen Unersetzbarkeit und Komplementarität von Männlichkeit und Weiblichkeit ist. Wir sollten zwischen Gleichberechtigung und Nivellierung unterscheiden. Als eine leidenschaftliche Aktivistin der LGBT+-Bewegung in einer Fernsehdebatte behauptete, sie sehe zwischen der Ehe ihrer Eltern und dem Zusammenleben mit einer Frau überhaupt keinen Unterschied, hat sie offenbar einen kleinen Unterschied doch übersehen: Wenn ihr Vater statt ihrer Mutter einen anderen Mann geheiratet hätte, wäre sie offensichtlich aus dieser Beziehung nicht geboren worden.

Ich finde es bedauerlich, dass einfache Antworten auf komplizierte Fragen rund um Familie und Ehe, Sexualität und Gender zur Munition für Kulturkämpfe, hysterische Medienkampagnen, militante ideologische Predigten und laute Demonstrationen der politischen Rechten und Linken werden. Leider ist es fast schon unvorstellbar, dass sich Menschen mit unterschiedlichen Meinungen zu diesen Themen zusammen hinsetzen und sachlich und ruhig diskutieren, verschiedene Missverständnisse, Stereotype und Feindbilder überwinden und sich bemühen, Argumente der anderen Seite zu verstehen und gemeinsame Lösungen zu suchen. Wenn es auf beiden Seiten unerschütterliche »Wahrheitsbesitzer« gibt, dann ist die Wahrheit das erste Opfer auf ihrem Schlachtfeld.

Es scheint immer schwieriger zu werden, einen vernünftigen Weg zwischen den Extremen, zwischen den Fanatismen und Fundamentalismen von rechts wie von links zu finden. Vor einigen Jahren hörte ich in einer Aufnahme eine beschämende homophobe Predigt aus der Prager Kathedrale, die von dem Schreckgespenst besessen war, dass »uns die Homosexuellen beherrschen werden«, und dass sie dann Menschen mit anderen Ansichten in Vernichtungslager schicken und ihre Kinder in die Sklaverei verkaufen würden – diese Frucht von Depression, Angst, Aggressivität und Fake News aus Desinformationsnetz-

Wochenzeitschrift für Religion, Kultur, Kirche und Gesellschaft

4 WOCHEN KOSTENLOS TESTEN

„… aufmerksam für das, was sich zwischen Himmel und Erde ereignet."

Michael Seewald
Theologe, Münster

- „Christ in der Gegenwart" fördert den Dialog über ein modernes Christsein in einer modernen Welt.
- Für alle, die ihren Glauben zeitgemäß leben, in ihrer Spiritualität wachsen und als Christ in der Gegenwart Kirche und Welt selbstbewusst gestalten möchten.
- Wöchentlich acht Seiten, monatlich mit einem Bildteil.

Ja, senden Sie mir bitte kostenlos die nächsten vier Ausgaben von „Christ in der Gegenwart".

Wenn ich nach den Probe-Ausgaben „Christ in der Gegenwart" nicht mehr lesen will, werde ich Ihnen dies innerhalb einer Woche nach Erhalt der dritten Ausgabe mitteilen.

Möchte ich „Christ in der Gegenwart" weiterlesen, muss ich nichts weiter tun. „Christ in der Gegenwart" erscheint wöchentlich und kostet inkl. Online-Zugang € 66,30 pro Halbjahr (für institutionelle Bezieher € 74,60) plus € 23,40 Versand [D].

Ich gehe kein Risiko ein. Ich kann den Bezug jederzeit ohne Kündigungsfrist beenden.

Vor- und Zuname

Straße, Hausnr.

PLZ, Ort

E-Mail

Datum, Unterschrift

Christ in der Gegenwart

Karte bitte ausfüllen und abschicken:
mit der Post oder
per Fax an (0761) 2717 222

Bestelltelefon: (0761) 2717 200
E-Mail: kundenservice@herder.de
www.christ-in-der-gegenwart.de

4 WOCHEN KOSTENLOS TESTEN

CG-B2307BB

Deutsche Post
ANTWORT

Christ in der Gegenwart
Verlag Herder
79080 Freiburg

Bitte freimachen, falls Marke zur Hand

Predigt am Festtag der Heiligen Familie

werken, die nicht einmal einen kleinen Funken des Geistes des Evangeliums, des Glaubens, der Liebe und der Hoffnung enthielt, wurde für mich richtungsweisend. In dem Moment habe ich mir gesagt, dass ich mit dieser Art von Religiosität nichts gemeinsam habe und auch nicht haben will.

Begeht aber die radikale Linke, die sich bemüht, »politisch inkorrekte Meinungen« zu zensieren, zu dämonisieren und zu verdrängen, nicht eine ähnliche ideologische Intoleranz und geistige Blindheit? Die aggressiven Fundamentalisten aus beiden Lagern brauchen sich gegenseitig, sie bestärken sich in ihren Haltungen und »Feindbildern«, und bei näherer Betrachtung stellt man fest, dass sie einander auffallend ähnlich sind. Ich erinnere mich oft an meinen Lehrer, Pater Oto Mádr, mit seiner unablässigen Bemühung um einen »goldenen Mittelweg« zwischen den Extremen.

***

Menschen in sogenannten irregulären Situationen – wie sie Papst Franziskus diplomatisch nennt – gibt es in der heutigen Welt und auch in den Kirchen immer mehr. Die Anzahl derjenigen, die dem traditionellen Bild eines »regulären Christen« und einer »regulären Familie« ganz entsprechen, nimmt in den Kirchenbänken rapide ab. Ich bin Papst Franziskus überaus dankbar, dass er an die Menschen in den »irregulären Situationen« – insbesondere an diejenigen, deren Ehen gescheitert sind – denkt und stets wiederholt, dass wir nicht zulassen dürfen, dass sie sich in den kirchlichen Gemeinschaften als Menschen zweiter Klasse fühlen. Er ergreift für sie Partei gegen die Schriftgelehrten und Pharisäer von heute, die am buchstäblichen Verständnis des

Gesetzes festhalten und deshalb über die Nöte und Leiden der Menschen hinwegsehen, die den Menschen in schwierigen Lebensumständen, welche nicht den Normen nicht entsprechen, gefühllos viel zu schwere Lasten auferlegen, die sie selber mit keinem Finger berühren.

Diese Pharisäer von heute irritiert die Haltung des Papstes, der mehr als die Paragraphen des Kirchenrechts das Prinzip der Barmherzigkeit, der Empathie, der Menschlichkeit betont, der die Notwendigkeit der geistlichen Unterscheidung anmahnt – das heißt Respekt vor der Einzigartigkeit jeder menschlichen Person, Respekt vor der Einzigartigkeit der Lebenssituationen, vor den verschiedenen Graden persönlicher Reife und vor dem persönlichen Gewissen der Einzelnen.

Statt zu klagen, dass die Menschen nicht alle den Sabbat betreffenden Vorschriften einhalten (nach manchen Rabbinern das erste der Gebote), lehrte Jesus, dass die Regeln für den Menschen da sind und nicht der Mensch für die Regeln – »der Sabbat ist um des Menschen willen gemacht und nicht der Mensch um des Sabbats willen« (Mk 2,27). Jesus hat Sünder an seinen Tisch eingeladen, ohne ihnen irgendwelche Bedingungen zu stellen. Er verlangte nicht die Bekehrung als Eintrittskarte für das Festmahl, sondern er sah in der Teilnahme am Festmahl die Quelle der Motivation und moralischen Kraft zur Bekehrung.

Der Großinquisitor aus Dostojewskis Roman *Die Brüder Karamasow* sah in Jesus verständlicherweise einen idealistischen Träumer und in der Kirche ein Instrument dafür, die Folgen seiner Naivität zu korrigieren. Die Kirche, ihre einzelnen Mitglieder und Repräsentanten, mussten sich im gesamten Verlauf der Geschichte immer wieder zwischen der Nachfolge Jesu oder des Großinquisitors entscheiden, und das gilt auch heute noch.

Predigt am Festtag der Heiligen Familie

Jesus kam als Arzt und Bruder für die Kranken, für die Sünder, für die Schwachen und Versagenden. Für sie ist er Brot geworden, für sie hatte er Ehrenplätze an seinem Tisch. Mit welchem Recht vertreiben wir Menschen in komplizierten und schwer zu ändernden Lebenssituationen, die sich nach Akzeptanz und Nähe sehnen, von seinem Tisch und machen aus dem »Brot für die Pilger« eine Belohnung für moralische Leistungen? Den Bedürftigen verschließen wir die Tür zum Abendmahlssaal und heißen diejenigen willkommen, die sich für rein genug halten und die wir als »würdig« und gerecht für diese öffentliche Anerkennung erklären. Wenn die kirchliche Gemeinschaft eine *geistliche Familie* sein soll, dann muss sie eine Familie sein, die nicht nur für rechtschaffene und gehorsame Söhne offen ist – erinnern wir uns an die zwei Brüder aus dem bekanntesten Gleichnis Jesu. In der Zeit rund um das Zweite Vatikanische Konzil erklärte sich die Kirche zur »Mutter und Lehrerin«. In der Amtszeit von Papst Franziskus prüft die Kirche mit Recht ihr Gewissen, ob sie nicht eher Lehrerin als wahre Mutter war.

Freunde, denken wir an Familien, beten wir für Familien, helfen wir Familien und bemühen wir uns auch darum, die Kirche zu einer verständnisvollen und einladenden Mutter für alle zu machen, zu *einer Familie für alle*.

Amen.

Vermenschlichung und Vergöttlichung

Predigt am zweiten Sonntag nach der Geburt des Herrn

*»Als tiefes Schweigen das All umfing
und die Nacht bis zur Mitte gelangt war,
da stieg dein allmächtiges Wort, o Herr,
vom Himmel herab, vom königlichen Thron.«*
(Introitus zum zweiten Sonntag nach
der Geburt des Herrn, Weish 18,14)

Am zweiten Sonntag nach dem Fest der Geburt des Herrn kommen wir zu dem Abschnitt aus dem Evangelium zurück, den wir bereits beim Fest der Geburt des Herrn gehört haben. Früher wurde dieser hymnische Text des Prologs aus dem Johannesevangelium am Ende jeder Messe gelesen.

Es war gerade dieser Text, der zu einer Brücke zwischen zwei geistigen Welten wurde – der Welt des jüdisch-christlichen Glaubens und der Welt der griechischen Philosophie. Die Verbindung dieser zwei Welten schuf die christliche Theologie, eine systematisch-intellektuelle Reflexion des Glaubens.

Diese Theologie, die Glaubenslehre, die *Orthodoxie* – die richtige Lehre, wurde zum Stützpfeiler des westlichen kirchlichen Christentums. Vielleicht wurde auf ihn oft ein größeres Gewicht gelegt als auf das Andere, das die Identität des Christentums ausmacht, wie die *Orthopraxis* – das richtige Handeln im Geist des Evangeliums, solidarische Liebe zu den Bedürftigen, wie das würdevolle Feiern der Geheimnisse des Glaubens, oder eine dauerhafte Vertiefung der persönlichen Spiritualität. Kein Wunder, dass heute viele Menschen das Christentum für eine Ideologie halten und nicht dafür, was es ist und sein soll: ein Lebensweg und eine Lebensweise.

Heute, nach Jahrhunderten theologischer Streitigkeiten, die in der Vergangenheit sogar manchmal in tragische Gewalt mündeten, kommen wir wieder zu dem Grundsatz *lex orandi – lex credendi* zurück, wonach gilt, dass die Theologie, das Reden über Gott, aus der Tiefe des Gebets und der Meditation hervorgehen muss und in eine stille Anbetung des unaussprechlichen Geheimnisses münden muss. Authentische christliche Theologie wird aus dem Gebet und aus der Meditation über die Schrift geboren, sie wird vom Gebet kontinuierlich begleitet, belebt und *inspiriert* (eingegeben, eingehaucht vom Geist); sie führt zum Gebet und wird durch Lobpreis vollendet. Der große Theologe des 20. Jahrhunderts, Hans Urs von Balthasar, sah das größte Versagen des Christentums darin, dass die Theologie, als sie im Mittelalter aus den kontemplativen Klöstern auf den akademischen Boden wanderte und zu einer überwiegend akademischen Disziplin wurde, oftmals ihre kontemplative Tiefendimension verloren hat. Selbstverständlich wollte dieser überaus gebildete Theologe dadurch auf keinen Fall die Ansprüche an das intellektuelle Niveau theologischer Arbeit infrage stellen.

***

Predigt am zweiten Sonntag nach der Geburt des Herrn

Die Tatsache, dass der Samen des Evangeliums sehr früh auf den Nährboden der hellenistischen Philosophie fiel, hat die ganze europäische Kultur erheblich beeinflusst. Charakteristisch für die Anfänge der griechischen Philosophie war das Fragen nach der *arché*, nach dem Ursprung. Das Wort *arché* bedeutete jedoch viel mehr als nur ein Ursprung in der Zeit. Deshalb sind die Antworten der griechischen vorsokratischen Philosophen, die manchmal das Wasser, ein anderes Mal das Feuer und wieder ein anderes Mal das unbestimmte *apeiron* als *arché* bezeichnen, keine primitive vorwissenschaftliche Kosmologie, sondern eine mythisch-symbolische Bezeichnung dessen, was die Welt in ihrem Wesen ist. Sie ist tief und fließend wie das Wasser, sie ist lebendig wie das Feuer, sie ist ungreifbar wie die Luft.

Der Prolog aus dem Johannesevangelium sagt, dass die *arché*, also der Ursprung und das herrschende Prinzip des Weltalls, der *Logos* ist. Das ist ein Begriff, der sich nur schwer übersetzen lässt: Er kann als »das Wort«, aber vielleicht noch besser als »der Sinn« übertragen werden.

Das Prinzip der Welt ist *der Sinn* (die Bedeutung), der am Anfang bei Gott war und der Gott selbst war. Alles wurde durch ihn geschaffen, also hat die Welt eine »logische« Struktur – sie ist ein sinnvolles Wort, oder besser eine sinnvolle Rede. Erinnern wir uns wieder daran, dass Erasmus von Rotterdam jenen griechischen Satz zu Beginn des Johannesevangeliums nicht mit *In principio erat verbum* (am Anfang war das Wort) ins Lateinische übersetzt hat, sondern mit *In principio erat sermo* (am Anfang war die Ansprache, die Rede, die Verkündigung bzw. Predigt).

Die Welt ist eine Verkündigung Gottes, eine Ansprache Gottes – und wir sind ein Bestandteil dieser Rede Gottes.

Vermenschlichung und Vergöttlichung

Dem entspricht die Aufforderung der Mystiker – denken wir an Ignatius von Loyola –, »Gott in allen Dingen zu suchen«. Neben dem technischen oder rational-analytischen Zugang zur Welt ist auch ein mystischer, kontemplativer Zugang möglich, der gewissermaßen dem künstlerischen Zugang ähnelt: Er »kostet« das Maß der Wirklichkeit »aus«, jene göttliche Selbstentäußerung (göttliche Rede) durch alles, was es gibt.

Hinter dem griechischen Begriff *logos* verbirgt sich im Neuen Testament der alttestamentliche hebräische – ebenfalls vieldeutige – Begriff *dabar*. Das bedeutet »das Wort«, aber auch »das Ereignis«. Das Wort Gottes geschieht (»es ward das Wort des Herrn«, lesen wir mehrfach in der Schrift); *Gott geschieht*.

Der Gott der Juden ist nicht statisch, der unbewegte Beweger der griechischen Metaphysik. Der Gott der Bibel ist der lebendige Gott, der Gott in der Bewegung der Geschichte, der kommende Gott. Er umarmt alles mit seinem Wort; er selbst ist in diesem Wort und ist das Wort. »Das Wort war bei Gott und Gott war das Wort« (Joh 1,1) – klingt die christologische Botschaft des Prologs aus dem Johannesevangelium.

Gott schließt alles ein und durchdringt alles und gleichzeitig übersteigt er alles unendlich. In ihm, wie der heilige Paulus lehrt, »leben wir, bewegen wir uns und sind wir« (Apg 17,28). Gott ist mehr als irgendein »übernatürliches Wesen« irgendwo hinter den Kulissen der Wirklichkeit, wie es sich leider viele vorstellen. Der große Theologe Karl Rahner sagte, dass es Gott, so wie sich ihn die meisten Menschen vorstellen, (zum Glück) nicht gibt.

***

Predigt am zweiten Sonntag nach der Geburt des Herrn

Der Prolog aus dem Johannesevangelium geht weiter: Gott, der ein unaussprechliches Geheimnis ist, will sich den Menschen verständlich machen, er spricht sie an, er sendet ihnen sein Wort. Und dann folgt ein bahnbrechender Satz, der die griechischen Philosophen schockierte und empörte: »Und das Wort ist Fleisch geworden und hat unter uns gewohnt« (Joh 1,14).

Das Griechische hat für das tschechische Wort *tělo* zwei ganz unterschiedliche Begriffe: *sóma* (den Körper als einen Ausdruck der persönlichen Identität) und *sarx* – den materiellen Körper, wortwörtlich: das Fleisch.[8] Es ist überraschend, dass das Johannesevangelium den Begriff *sarx* wählt: den materiellen Körper. Der biblische Glaube sagt *ja* zur Welt, zur Materie, zum Körper und zur Körperlichkeit.

Für die Griechen war der *Logos* ein erhabenes geistiges Prinzip; der Körper, die Körperlichkeit, die Sinnlichkeit und die Sterblichkeit wurden bei ihnen geringgeschätzt. Die griechische Abneigung gegenüber der Materie ging in philosophisch-mythischen Spekulationen der Gnostiker noch weiter. Christliche Theologen hielten die Gnosis mit ihrer Verachtung des Körpers für eine gefährliche Häresie. Trotzdem ist diese Mentalität oft durch die Hintertür in das christliche Denken und die Spiritualität eingeschlichen, vor allem in manchen Arten der monastischen Askese. Sie brachte in das christliche Denken und die Frömmigkeit eine Trennung zwischen dem Geistigen und dem Körperlichen, die Geringschätzung der Materie und zugleich eine mit Abscheu und Angst erfüllte Ablehnung von Sexualität hinein. Dagegen stellt das authentische Christentum die

---

8 Im Deutschen gibt es eine ähnliche Unterscheidung zwischen »Leib« und »Körper«, *Anm. d. Red.*

Vermenschlichung und Vergöttlichung

Einheit von Leib und Seele, die Begegnung des Menschlichen und des Göttlichen, die gerade im Weihnachtsgeheimnis der Menschwerdung, der Inkarnation gipfelte und dann auf Dauer »unter uns gewohnt hat«.

Das Deutsche hat für den Begriff der Inkarnation einen treffenden Ausdruck: *Menschwerdung*, wortwörtlich: zum Menschen *Werden*. Jenes »es geschah« *(egeneto)* wird hier als ein Prozess aufgefasst.

Letztes Jahr habe ich meine Weihnachtspredigt mit dem Satz beendet: Gott ist Mensch geworden – machen wir das auch so! Werden wir mehr und mehr menschlich! Vermenschlichen wir uns und unsere Welt!

Einmal erwähnte ich die Theologie des östlichen Christentums, die den Sinn und das Ziel des Christentums in der Vergöttlichung des Menschen *(theosis)* sieht. Das soll nicht zur Anbetung des Menschseins als solchen führen; es geht um die Vollendung des Menschseins im Prozess der Verwandlung der menschlichen Existenz durch den göttlichen Geist.

Falls wir den Sinn von Weihnachten wirklich verstanden haben, dann werden wir jene »Vermenschlichung« und jene »Vergöttlichung« von uns Menschen und unserer Welt nicht als Gegensätze wahrnehmen. Es ist ein und dieselbe Sache, aus zwei verschiedenen Blickwinkeln betrachtet.

Amen.

Für Gott ist nichts unmöglich

Hochfest der Gottesmutter Maria – Predigt zum Beginn des Kirchenjahres

»*Seine Mutter bewahrte alles in ihrem Herzen.*«
(LK 2,51)

Meine Lieben,

zu Beginn des Jahres blicken viele von uns mit einer Frage in die Zukunft, bei der sich Hoffnungen und Wünsche mit Sorgen und Ängsten mischen: Wie wird das Jahr, das beginnt, werden? Vor einem Jahr haben wir uns dieselbe Frage gestellt, und wahrscheinlich hat niemand von uns geahnt, was für ein schweres Jahr es für die ganze Welt und wie tragisch es für viele Menschen sein würde.

Wird uns dieses Jahr gewogener sein? Das ist eine Frage, deren Antwort nur Gott kennt.

Gott ist mit uns, wie die Zukunft mit uns ist. Auch die Zukunft ist für uns unsichtbar, geheimnisvoll, unbeherrschbar; sie ist nicht als eine fertige Tatsache da, sondern nur in der Form von Hoffnung. Trotzdem sind wir auf sie angewiesen und können ohne sie nicht leben: Wer keine Zukunft hat, ist tot.

Die Zukunft wird erst in dem Augenblick sichtbar, wenn sie aufhört, Zukunft zu sein, und zur Gegenwart wird. Gott ist für uns »sichtbar und hörbar«, erst wenn er in die Geschichte eintritt.

Wenn er in die Geschichte eintritt, tritt er als Wort ein: Zuerst als das Wort des Gesetzes und das Wort der Prophezeiung – und schließlich als der Mensch, in dem sich das Gesetz und die Prophezeiung erfüllen, als der Sohn Gottes. Bei all diesen seinen Eintritten in die Geschichte beseitigt Gott nicht die menschliche Freiheit – seine ganz besondere Gabe; er macht sich sogar von der menschlichen Freiheit abhängig. Darüber haben wir in unseren vorhergehenden Reflexionen nachgedacht.

***

Nun treten wir in das neue Kalenderjahr ein. Vor fast einem Vierteljahrhundert, an der Schwelle zum neuen Jahrtausend habe ich von diesem Ort aus einen Wunsch geäußert, den ich gerne auch heute wiederholen möchte: dass wir Gott hören und verstehen können, dass wir in den Geschehnissen, die kommen werden – was auch immer sie sein werden – und wir wissen alle, dass wir zu übertriebenem Optimismus dieses Jahr nicht viel Anlass haben –, *die Zeichen der Zeit* erkennen können, d. h. die Herausforderungen, Ratschläge, Ermutigungen sowie Warnungen Gottes.

Dieser Wunsch verbirgt in sich ein Paradox: Wir wünschen uns, dass unsere eigenen Wünsche in ihrer törichten Dringlichkeit nicht so laut sind, dass sie uns überhören lassen, *was Gott sich von uns wünscht*. Wünschen wir uns, dass wir uns nicht zu sehr *an unseren Wünschen* festklammern, denn sie führen – wie schon Freud wusste – meist zu Illusionen.

Vielleicht können wir für dieses schwierige Jahr, das nun hinter uns liegt, dankbar sein, weil es uns endgültig von vielen Illusionen, Utopien und Ideologien geheilt hat, die sich in den Köpfen der Menschen während der Neuzeit eingenistet hatten. Die erste von ihnen war das »anmaßende Vertrauen« darauf, dass uns der Fortschritt von Wissenschaft und Technik automatisch und ganz von alleine sicher in eine strahlende Zukunft führen würde. Die zweite, genauso stolze und naive Selbstüberschätzung war der menschliche Versuch, die Natur und die Geschichte, das eigene Schicksal und das Schicksal der anderen, unter die Herrschaft menschlicher Macht und Kraft zu bringen: »Wir befehlen dem Wind und dem Regen, wann er regnen, wann er wehen soll«, haben sie uns in der kommunistischen Schule beigebracht. Dieses arrogante Selbstvertrauen ist von den starken Winden der Gegenwart auf den Friedhof der Illusionen hinweggetragen worden.

***

Es ist gut, dass wir das Neue Jahr gerade mit dem Hochfest der Gottesmutter, der Jungfrau Maria, beginnen. Die letzten Jahrhunderte waren erfüllt von dem vorwiegend männlichen Bestreben, die Welt zu entwerfen, zu planen und mit äußerlicher Gewalt umzugestalten – bis zu den stolzen Illusionen, von denen wir vorhin gesprochen haben.

Um die kosmische, geschichtliche, aber auch unsere innere Ordnung wieder in ein harmonisches Gleichgewicht zu bringen, ist es gut möglich, *dass dieses neue Zeitalter vielleicht weiblicher sein muss*: Wir müssen die Ereignisse vielmehr an uns heranlassen, wir müssen uns bemühen, uns in die Welt um uns herum – auch in die Welt der anderen Menschen – zunächst einzufühlen und sie zu verstehen, wir müssen vielmehr *mit dem*

Herzen verstehen, anstatt zu versuchen, alles sofort überstürzt nach unseren Vorstellungen umzugestalten und zu manipulieren.

***

Das heutige Evangelium versetzt uns zurück in die Szene von Bethlehem. Die Hirten erzählen, was ihnen über dieses Kind gesagt wurde, das ihre Bewunderung erweckte; Maria jedoch »bewahrte alles in ihrem Herzen« und dachte darüber nach.

Zu den Hirten kommen später die Weisen hinzu; die Legende fügt hinzu: die königlichen Weisen. Die Einfachen und Armen stehen so neben den Weisen und Adeligen. Sie begegnen sich bei dem Kind, das auf dem Schoß Mariens liegt – so kennen wir das aus unzähligen Abbildungen von den Volkskrippen bis hin zu den Gemälden der großen Meister.

In dieser Szene verbirgt sich eine wichtige Botschaft: Weisheit und Einfachheit sind zwei Pole, die gar nicht so weit voneinander entfernt sind, wie es auf den ersten Blick erscheinen mag. Beide sind dem Geheimnis, das sich hinter dem »Zeichen des Kindes« verbirgt, gleichermaßen nahe. Wer jedoch die Einfachheit verloren hat und nicht zur Weisheit gereift ist, kann den Weg nach Bethlehem kaum finden.

Am besten kann mit dem Geheimnis umgehen, wer *alles im Herzen bewahrt*, wie es Maria tat. »Alles« ist in der tschechischen Übersetzung ein Ausdruck für die Unentschlossenheit des Übersetzers zwischen »die Worte« und »die Ereignisse«, denn im Hebräischen und im Lateinischen kann dasselbe Wort für beides verwendet werden, ganz zu schweigen von der Bedeutungsbreite des griechischen Wortes *logos*.

Predigt zum Beginn des Kirchenjahres

Man könnte sagen, dass im bewahrenden und nachdenkenden Herzen *die Ereignisse zum Wort werden*. Es sind nicht mehr *facta bruta* – wir würden vielleicht sagen »harte Fakten« –, es sind weder »äußere Dinge«, die einfach passiert sind und an denen man nichts ändern und zu denen auch nichts hinzugefügt werden kann, noch sind es Tatsachen, die uns mit ihrer unerbittlich kalten Eindeutigkeit gegenüberstehen. Denn »im Herzen« offenbart sich die ganze bunte Palette der Bedeutungen dessen, was geschieht; das Herz ist der Ort, wo wir »über alles« einen Dialog mit Gott führen können, denn er durchleuchtet die Oberfläche der Ereignisse und führt zur Tiefe ihrer Bedeutungen. Er macht aus »Fakten« *Worte*, die einen Sinn haben.

***

Für das biblische Verständnis ist das Herz nicht nur ein bloßer »Sitz des Gefühls«. Es ist der tiefste Kern unseres Wesens, in dem die tiefsten Motive unserer Überzeugung und Handlungen reifen. Es ist eine Tiefe, die wir nicht selbst geschaffen haben, ein Ort, an dem wir uns selbst überschreiten. Es ist ein Ort, an dem uns Gott anredet.

Unsere Ansichten und Ideologien wohnen in unseren Köpfen; dort lösen wir Probleme und machen Pläne – der »Glaube« jedoch, ähnlich wie Liebe und Hoffnung, ist etwas ganz anderes. Der Glaube berührt das Geheimnis, während die Vernunft für das Geheimnis zu klein ist: Man muss das Geheimnis geduldig im Herzen bewahren – es dort wachsen lassen, wie die Frucht unter dem Herzen einer Mutter wächst.

Das Herz bezeichnet in der Bibel jene *Tiefe des Menschen*, jenen »Abgrund«, zu dessen Grund letztlich nicht einmal ein

Strahl der Vernunft vordringen kann, auch wenn die Vernunft eine kostbare Gabe Gottes und ein wichtiger Ratgeber für menschliche Entscheidungen und Handlungen ist. Das menschliche Herz ist jedoch nach der Bibel *eine Tiefe, die keinen Grund hat* – weil sie bis zum »Herzen Gottes« reicht.

Der Abgrund ruft dem Abgrund zu – bei diesen Worten des Psalmes (Ps 42,8[9]) denke ich immer an jene geheimnisvolle Verbindung zwischen Mensch und Gott, über die Menschen mit mystischer Erfahrung so viel gesagt – und noch mehr geschwiegen haben. Wenn im modernen Denken irgendetwas dem biblischen Bild »des Herzens« annähernd entspricht – und gleichzeitig dem Augustinischen Begriff des Gedächtnisses *(memoria)* –, dann ist es höchstwahrscheinlich »das Unbewusste«, von dem die Tiefenpsychologie spricht.

Die Wahrheiten des Glaubens, die uns beim ersten Hören kaum verständlich und schwer zu akzeptieren erscheinen, sollten wir nie überstürzt verwerfen, sondern sie vielmehr »im Herzen bewahren«. Dort werden sie ihr Leben führen, dort reifen sie, nähren sich von der Erfahrung unserer Tage und Jahre, wachsen wie eine Frucht, welche die Mutter »unter dem Herzen« trägt – an einem Ort, der nicht zufällig »Leben« genannt wird.

Wenn wir den Gedanken von Blaise Pascal zitieren, dass »der Glaube eine Sache des Herzens ist«, dann sollten wir das nicht so interpretieren, dass er (nur) »eine emotionale Angelegenheit« ist. Es ist eine Angelegenheit der menschlichen Tiefe.

***

---

[9] Nach der tschechischen Fassung; vgl. die Formulierung »Abyssus abyssum vocat« in der Vulgata (dort Ps 41), *Anm. d. Übers.*

Predigt zum Beginn des Kirchenjahres

Mein heutiger Wunsch ähnelt meinem früheren: Lassen wir nicht nur die Wahrheiten des Glaubens, sondern auch die Ereignisse, die kommen werden, so wie bei Maria in die Tiefe absteigen, »denken wir über sie im Herzen nach«, damit sie zu gegebener Zeit für uns zum Wort Gottes werden.

In der Tradition der christlichen Frömmigkeit verkörpert Maria die Weisheit, die sich mit Demut verbindet, und den Glauben, der sich mit Mut und Hoffnung auf neue, unbekannte und unerhörte Möglichkeiten einlässt: Maria glaubte, dass »für Gott nichts unmöglich ist« (Lk 1,37).

Mit diesem marianischen Glauben voller Hoffnung wollen wir das neue Jahr beginnen.

Amen.

Das Licht zur Erleuchtung der Völker

Predigt zum Fest der Erscheinung des Herrn

> *»Denn heute enthüllst du das Geheimnis unseres Heiles, heute offenbarst du das Licht der Völker, deinen Sohn Jesus Christus. Er ist als sterblicher Mensch auf Erden erschienen und hat uns neu geschaffen im Glanz seines göttlichen Lebens.«*
> (Präfation zum Fest der Erscheinung des Herrn)

Das Markus-Evangelium, das wahrscheinlich älteste und authentischste der vier Evangelien, beginnt mit der Predigt von Johannes dem Täufer. In der Nähe dieses rauen Wüstenpropheten begegnen wir zum ersten Mal Jesus von Nazareth. Der Autor des Markusevangeliums sagt nichts darüber, was diesem Ereignis im Leben Jesu vorausging, und wir sollten zugeben, dass wir darüber – über den Ort und die Umstände der Geburt Jesu, über seine Kindheit und Jugend – nichts historisch Verlässliches wissen und auch in der Zukunft nichts darüber erfahren werden. Die fromme Fantasie der ersten Generationen von Christen füllte diese Lücke durch die Anhäufung von Legenden, Sagen und Erzählungen, von denen bis heute viele in den Apokryphen erhalten sind.

Die Redakteure zweier der vier Evangelien, nämlich des Matthäusevangeliums und des Lukasevangeliums, fügten in ihre Schriften – die dann die Kirche in den Kanon des Neuen Testamentes aufgenommen hat – nur einen kleinen Teil dieser Erzählungen ein. Ihr Wert besteht nicht in ihrer »Historizität« – das war ein Kriterium, welches die Antike und das Mittelalter nicht kannten –, sondern in ihrer theologischen Botschaft. Ihr Sinn war nicht, uns so genau wie möglich darüber zu informieren, was damals passiert ist, sondern uns mithilfe der Analogie zu den Geschichten des Alten Testamentes nahe zu bringen, wer Jesus ist: Er ist die Erfüllung der Verheißungen und Vorhersagen der hebräischen Bibel. Er wurde in Bethlehem geboren, dem Geburtsort von König David – das bedeutet: Er ist der neue David. So wie Mose wurde er beim Genozid an neugeborenen Jungen gerettet und kam aus Ägypten zurück: Er ist der neue Mose und mehr als Mose. Jemand hat geistreich über den Mythos bemerkt: Er ist eine Erzählung von Dingen, die wahrscheinlich nicht geschehen sind, aber dennoch jederzeit wahr sind.

In der Zeit nach der Aufklärung hat sich auch die Theologie eine enge und verzerrte Auffassung von Wahrheit und Wirklichkeit aufzwingen lassen. Selbst die biblischen Texte wurden als Berichte, als Reportagen über die Vergangenheit verstanden – sie sind jedoch viel mehr. Ihr Wert wurde daran bemessen, inwieweit weitere Quellen oder andere wissenschaftliche Disziplinen, zum Beispiel die Archäologie, sie bestätigen. Die Bestätigung der Historizität der Erzählung von den Weisen (Sterndeutern) aus dem Morgenland suchte man in den astronomischen Konstellationen, und mithilfe dieser Konstellationen wurde wiederum das Datum der Geburt Jesu berechnet.

Dass diese Art von Apologetik in eine Sackgasse führt, wurde mir schon vor vielen Jahren beim Studium des Werkes des Begründers der Tiefenpsychologie, Carl Gustav Jung, bewusst, der verschiedene Verständnisse der Wahrheit und der Wahrhaftigkeit unterscheidet. Er weist auf den Zusammenhang zwischen dem Substantiv *Wirklichkeit* und dem Verb *wirken* hin und formuliert eine wichtige Definition: »Wirklich aber ist, was wirkt.«

Bei der Arbeit mit biblischen Texten ist es wichtig, literarische Gattungen unterscheiden zu können. Viele biblische Texte haben eine historische Grundlage und sind Deutungen von Ereignissen, von denen wir weitere Berichte aus »unabhängigen Quellen« haben. Andere haben diesen Charakter und diesen Anspruch nicht, was jedoch ihre Bedeutung in keiner Weise schmälert. Wenn wir einen Menschen aus der Antike oder aus dem Mittelalter fragen würden, ob ein biblischer Text »wahr« ist (und meinten damit, inwieweit er die Fakten der Vergangenheit wirklichkeitsgetreu schildert), würde er uns vermutlich überhaupt nicht verstehen. Heute können wir nicht mehr in die Zeit vor der Aufklärung zurückkehren, wie es Fundamentalisten vergebens und naiv versuchen. Das moderne Denken hat die Unterscheidung von Gattungen hervorgebracht und dadurch das Verständnis der Heiligen Schrift sehr befördert. Aber der moderne Ansatz verfiel durch seine Vergötterung einer Art von eigensinnig konzipierter »wissenschaftlicher Rationalität« und durch die Monopolisierung dieser Art von Rationalität (die das Monopol der mittelalterlichen metaphysischen Rationalität ablöste) der Versuchung eines verengten Zugangs zur Wirklichkeit, der Versuchung des Reduktionismus. Was in die eng aufgefasste »Wissenschaftlichkeit« nicht passte, wurde sofort für unwahr erklärt.

Die Entwicklung des wissenschaftlichen Denkens selbst erforderte allerdings eine andere Art der philosophischen Reflexion als den primitiven positivistisch-materialistischen Szientismus. Ein wertvoller Beitrag für die Wissenschaft sowie für die Philosophie in der postmodernen Zeit ist der Respekt vor der Pluralität der Wahrnehmung und der Deutung der Wirklichkeit.

Viele biblische Erzählungen verstehen wir nicht mehr als ein gläsernes Fenster, durch das wir auf die längst vergangenen Geschehnisse schauen. Wir konzentrieren uns eher darauf, wie dieses »Glas« (der Text der Erzählung, die erzählte Geschichte) unser Gesicht, unser »inneres Gesicht« widerspiegelt; wie es uns hilft, uns selbst, unsere Welt, unsere Gegenwart neu zu sehen und zu begreifen. Die Bibel ist für uns nicht vorwiegend ein Instrument zur Erforschung der Vergangenheit, sondern eher zu einem tieferen Verständnis der Gegenwart.

***

Auch die Geschichte über die Weisen aus dem Morgenland aus dem Matthäusevangelium, das wir an diesem großen Weihnachtsfeiertag lesen, hat einen anderen und größeren Wert als irgendeine Aufzeichnung aus der Vergangenheit. Es ist eine sehr anregende Geschichte, die in der frommen Fantasie der ersten christlichen Generationen geboren wurde und dort auch ihre endgültige Form erhielt. Die volkstümliche Vorstellungskraft bestimmte die Anzahl dieser Weisen und sprach ihnen Königskronen zu (anscheinend nach der Anzahl und der Art der königlichen Geschenke), erfand für sie die Personennamen – Kaspar, Melchior und Balthasar (die von den Anfangsbuchstaben des lateinischen Haussegens *Christus mansionem benedicat*, Christus segne dieses Haus, abgeleitet wurden), und ihre angeblichen

Predigt zum Fest der Erscheinung des Herrn

Reliquien wurden in goldenen Särgen an den Altar der Kathedrale in Köln am Rhein transferiert. Die Gestalten der drei Könige finden wir auf den Gemälden der großen Meister und auch als niedliche Figuren in den Volkskrippen. Eine beachtenswerte Variante der Legende über die königlichen Pilger ist auch in die Literatur eingegangen, in die Novelle des russischen Schriftstellers Nikolai Leskow.

Der Hauptgrund, warum der Redakteur des Matthäusevangeliums in seinen Bericht über das Leben und die Lehre Jesu die Erzählung über die Weisen aus dem Morgenland einbezog, ist vermutlich das Bekenntnis, welches das Lukasevangelium dem greisen Simeon in den Mund legt: Jesus ist nicht nur der Ruhm seines israelitischen Volkes, sondern auch *ein Licht zur Erleuchtung der Heiden.* Die Erzählung von den heidnischen Weisen, die sich vor dem Kind Jesus niederknieen, ist der erste Ton eines Motivs, das erst ganz zum Schluss des Evangeliums in seiner Fülle erklingt, wenn Jesus seine Jünger zu allen Völkern der Welt aussendet.

Theologische Kommentare zu dieser Geschichte sehen in jenen Weisen die ersten Früchte der Ernte, die die christliche Mission während der ganzen Geschichte der Kirche erwartet. Die liturgischen Texte des heutigen Festtags sprechen ebenfalls von den Weisen aus dem Morgenland. Das auserwählte Volk wird in der Szene von Bethlehem durch die Hirten vertreten, die heidnischen Völker durch die Weisen, durch die Sterndeuter.

Die Evangelien, die zur Zeit der ersten Konflikte der Jünger Jesu mit der Synagoge geschrieben wurden, kehren die Enttäuschung über das Verhältnis der Mehrheit der damaligen Juden gegenüber Jesus um: »Er kam in sein Eigentum, und die Seinigen nahmen ihn nicht auf« (Joh 1,11). »Das Heil kommt von den Juden« (4,22), erklärt Jesus, er fügt jedoch hinzu, dass mit ihm und in ihm die Stunde kommt, in der die Mauern zwischen den Völkern und religiösen Kulten fallen und die wahren Anbeter Gottes ihn »im Geist und in der Wahrheit« (Joh 4,24) anbeten werden.

***

Die Worte Jesu darüber, dass es seinen Landsleuten nichts nutzen werde, dass sie mit ihm gegessen und getrunken haben, dass beim verheißenen Festmahl im Reich Gottes diejenigen ihren Platz einnehmen werden, die von weit kommen, haben Christen jahrhundertelang als Anklage gegen das jüdische Volk gelesen, das seinen Messias nicht erkannt und nicht angenommen hat. Aber heute, nach der Enthüllung des tragischen moralischen Versagens einer schockierenden Anzahl von offiziellen Würdenträgern der Kirche, müssen wir uns die Frage stellen, ob sich diese Sätze des Evangeliums nicht auch auf uns Christen beziehen, die sich angewöhnt haben, Jesus »Herr, Herr« zu nennen und ihn als ihr »Eigentum« zu betrachten.

Wir sind doch der »Leib Christi und der Tempel seines Geistes«, wie wir in den liturgischen Texten bekennen. Können wir Gefahr laufen, dass uns Jesus eines Tages sagen wird: »Ich kenne euch nicht«?

Im Unterschied zu denen, die sich bemüht haben, das erwähnte tragische Versagen – ich meine vor allem die erschütternden Fälle des sexuellen, psychologischen und spirituellen Missbrauchs, vor allem des Missbrauchs an Kindern und Jugendlichen – als bloßes Versagen von Einzelpersonen darzustellen, hatte Papst Franziskus den Mut, diesen skandalösen Missbrauch von Macht und Autorität in der Kirche als *Versagen des Systems* zu bezeichnen – als Krankheit des »Klerikalismus«, die den Organismus der Kirche als Ganzes befallen hat.

Die Kirche von heute kann sich nicht gottgleich jene Titel aneignen, die der Kirche in jener verheißenen eschatologischen Gestalt angehören, auf die sie am Ende der Zeiten hoffen darf. Nun muss sie sich mit wahrer Demut den Charakter einer pilgernden Gemeinschaft zugestehen, die auf dem Weg ihrer Pilgerschaft durch die Geschichte noch sehr weit vom Ziel entfernt ist. Diese Pilgerschaft bedeutet keinen geradlinigen Fortschritt, auf diesem Weg brechen auch gefährliche Zeiten des Umherirrens und des Versagens an – und wir sind heute mit einer solchen konfrontiert, die weder die erste noch wahrscheinlich die letzte ist; nichtsdestotrotz lässt sich die jetzige Krise der Glaubwürdigkeit nicht verharmlosen.

Jede Krise ist jedoch gleichzeitig eine Chance. Nach einer großen Krise der Glaubwürdigkeit bekam die Kirche von Gott einen Hirten, der den Mut zur notwendigen Reform hat. Wie die Reform aussehen wird, lässt sich jetzt noch nicht mit Sicherheit sagen – Papst Franziskus begreift die nötige Reform als *synodalen Weg*: als eine gemeinsame Suche nach einem Weg in die Zukunft. Dazu gehört auch die Ökumene in einer bisher unvorstellbaren Breite. In der Enzyklika *Fratelli tutti*, der eine gemeinsame Erklärung des Papstes und des höchsten Repräsentanten des sunnitischen Islams vorausging, wird nicht nur von einer Stärkung der Einheit zwischen den christlichen Kirchen gesprochen, sondern von »universaler Geschwisterlichkeit«.

Am Dreikönigsfest (dem Festtag der Erscheinung des Herrn) lesen wir über die Weisen aus dem Morgenland als einer bescheidenen Vorhut künftiger Menschenscharen aus fernen Kulturen, die auf ihren verschiedenen Wegen – Wegen, die mit Irrungen und Wirrungen verbunden sind, wie der Zwischenstopp der Weisen im Palast von Herodes – den verheißenen König der Juden doch erreichen, den wir als »den König des Himmels und der Erde« bekennen.

Mögen wir auf unserem Wegen zu ihm und mit ihm niemals müde werden und resignieren.

Amen.

Das Geschenk der christlichen Freiheit

Predigt zum Fest der Taufe des Herrn

»Ihr seid zur Freiheit berufen.«
(Gal 5,13)

Mit dem heutigen Fest der Taufe des Herrn verabschieden wir uns von der Weihnachtszeit und treten in die liturgische Zwischenzeit ein.

Nur zwei der vier Evangelien erwähnen die Ereignisse rund um die Geburt Jesu; das älteste und wahrscheinlich das authentischste Evangelium, das Markusevangelium, schweigt darüber. Im Unterschied zu den bunten Erzählungen der Apokryphen über die Kindheit Jesu finden wir bei Lukas nur eine einzige Geschichte – die über den zwölfjährigen Jesus im Tempel. Über den längsten Abschnitt im Leben Jesu bis zu seiner Taufe durch Johannes den Täufer im Jordan sagt das Neue Testament gar nichts.

Mit der Taufe beginnt die kurze Zeit seines öffentlichen Wirkens, die ungefähr ein Jahr oder höchstens drei Jahre dauerte. Mit der Taufe enden etwa dreißig Jahre seines Lebens im Verborgenen und Unauffälligen, von denen wir historisch nichts Genaues wissen. Allem Anschein nach lebte Jesus in diesen Jahren wie jeder andere gewöhnliche Mensch seiner Zeit, er übte seine handwerkliche Arbeit aus und lebte im Rhythmus der Festtage wie jeder fromme Jude.

Auch in der Geschichte der christlichen Spiritualität und der christlichen Kunst wird diese längste Phase des Lebens Jesu völlig vernachlässigt. Eine der wenigen Ausnahmen bildet Charles de Foucauld, der in der Wüste Sahara über die Armut Jesu, über das Verborgene und Unauffällige in seinem Leben in Nazareth meditierte. Seine geistlichen Erben, die Ordensgemeinschaft der Kleinen Brüder und Schwestern Jesu, setzen diese Spiritualität mit ihrer stillen Solidarität in den Wüsten unserer Welt, in den Slums der Großstädte, inmitten der Ärmsten fort.

Eine tiefe Beziehung zu diesem Teil des verborgenen, unauffälligen, gewöhnlichen Lebens Jesu hatte die Gemeinschaft der heimlich geweihten Priester, der ich während des letzten Regimes in unserem Land jahrelang angehörte –Priester, die ihren Zivilberuf und ihren priesterlichen Dienst im Untergrund, im Geheimen ausübten. Wir haben diese Verbindung des Priestertums mit einer vollständigen Annahme des gewöhnlichen bürgerlichen Lebens nicht nur als etwas begriffen, was uns durch die äußeren Verhältnisse der kommunistischen Verfolgung der Kirchen aufgezwungen wurde, sondern als eine spezifische Teilnahme am Geheimnis der Menschwerdung Jesu, an seiner Eingliederung in die Welt.

Am Ende des liturgischen Weihnachtsfestkreises denke ich immer wieder, dass wir daran erinnern sollten, dass zum Geheimnis der Menschwerdung, welches das eigentlichste Thema von Weihnachten ist, nicht nur die Szenen aus Bethlehem gehören, sondern auch die Tatsache, dass Jesus mit uns viele Jahre lang das Gewöhnliche, das Alltägliche, eine normale Arbeit geteilt hat, dass er genauso wie wir »die Last des Tages und die Hitze« (Vgl. Mt 20,12) getragen hat. Öffentliches Predigen,

Predigt zum Fest der Taufe des Herrn

Wunder, Scharen von Zuhörern – das alles kam erst ganz am Ende seines Lebens.

***

Die Erzählung über die Taufe im Jordan ist voll von Symbolen, die auf Motive der hebräischen Bibel, des Alten Testaments, verweisen. Jesus steigt in das Wasser des Jordans hinab, so wie es das israelitische Volk tat, als es aus dem Haus der Sklaverei in Ägypten auszog, zunächst durch das Wasser des Roten Meeres hindurchging und nach einer langen Wanderschaft durch die Wüste noch den Jordan überqueren musste. Als Jesus aus dem Wasser hinausstieg, ertönte über ihm die Stimme des Vaters und es erschien der Geist Gottes wie eine Taube.

An die Anwesenheit des göttlichen Geistes wird in der ganzen Schrift jeweils dort erinnert, wo irgendeine neue Etappe beginnt. Zu Beginn des Schöpfungswerkes, von dem wir im Buch Genesis lesen, schwebt der Geist über den Wassern. Im Buch Exodus erscheint der Geist Gottes als Wolke über der Bundeslade und in ähnlicher Weise auch bei der Einweihung des Tempels in Jerusalem. Auch im Evangelium von der Taufe des Herrn, mit der die neue, öffentliche Phase des Lebens Jesu beginnt, taucht das Symbol des Geistes Gottes auf – eine Taube. Sie erinnert an jene Taube, die in der Geschichte von der Sintflut einen grünen Zweig als Verheißung und Zeichen dafür trägt, dass die Zeit der Strafe beendet ist, dass ein neues Leben beginnt und dass ein neues Land, eine neue Hoffnung aufscheinen wird.

Derjenige, der aus den Wassern des Jordans auftaucht, ist *gesalbt*, durch den Geist geweiht – das ist der Inhalt des Begriffes *Maschiach, Messias*, griechisch *Christos, Christus* – und nimmt seine Berufung an. Wohlgemerkt: Jesus beginnt seine Berufung nicht, indem er sofort auf die Straßen der Welt hinausgeht. Zuerst geht er in die Wüste, an einen Ort des Gebetes und der Prüfung. Dort wird er versucht, dort reift seine Berufung in der Konfrontation mit dem Geist des Bösen. Erst dann geht Jesus nach Galiläa, beginnt zu predigen, vollbringt seine machtvollen Taten und beruft seine Jünger.

Auch viele Heilige, Reformatoren und Ordensgründer verbrachten vor dem Beginn ihrer Werke eine ähnliche Zeit der Meditation und Läuterung in der Einsamkeit. Vielleicht verbirgt sich darin auch eine gewisse Botschaft für uns gewöhnliche Christen. Vor allem in Momenten der Entscheidung und zu Beginn eines neuen Lebensabschnitts, aber beispielsweise auch am Anfang des Jahres, wenn das möglich ist, brauchen wir eine bestimmte Zeit zum Stillwerden, eine Zeit der Einsamkeit und Besinnung und des Reifens. Dann wird unsere Aktivität auch nicht »substanzlos«, überstürzt und oberflächlich sein. Auch wir brauchen Kraft für die Begegnung mit dem Geist des Bösen, auch wir brauchen Weisheit zur Unterscheidung von Wertvollem und Wertlosem, zum Erkennen der richtigen Wege und der irreführenden Sackgassen.

Steht nicht die ganze Welt nach einer harten Prüfung zu Beginn der zwanziger Jahre des 21. Jahrhunderts wieder an einer Kreuzung, im Moment der Entscheidung, in welche Richtung sie gehen soll?

***

Aber kommen wir zur Szene der Taufe am Ufer des Jordans zurück. Lange nach dieser Taufe sagt Jesus: »Ich muss mit einer

Predigt zum Fest der Taufe des Herrn

Taufe getauft werden und ich bin bedrückt, solange sie noch nicht vollzogen ist!« (Lk 12,50)

Die von Johannes dem Täufer gespendete Taufe ist nur der Vorgeschmack für jene »Taufe durch das Blut«, die Taufe des Eintauchens (das griechische Wort für Taufe bedeutet Eintauchen) – des Eintauchens in den Tod, den Christus am Kreuz erleidet. Demnach ist auch das Fest der Taufe des Herrn und das Ereignis, an das es erinnert, nur ein Vorgeschmack dessen, was wir an Ostern feiern. Die Grundlage für unsere Taufe ist das Geheimnis von Ostern. Wie der Apostel Paulus lehrt: »Wir sind also durch die Taufe mit ihm begraben in seinen Tod« (Röm 6,4) und werden durch die Kraft seiner Auferstehung zu neuem Leben erweckt.

Die Läuterung und moralische Bekehrung, die den Sinn der Taufe von Johannes dem Täufer darstellen, sind nur ein Aspekt der Taufe als christliches Sakrament. Die Taufe, durch die wir in die Gemeinschaft der Christen eingeführt werden, hat eine weitaus größere Tiefe und einen viel breiteren Reichtum an Bedeutungen. Durch die Taufe wird der Mensch in Christus inkarniert, wie ein grüner Zweig auf einen Baum, der Christus ist, aufgepfropft – und wird zu einem grünen Zweig, durch den der Lebenssaft Christi fließt. Die Geschichte Jesu und die Existenz Jesu wird im Leben des Getauften fortgesetzt. »Nicht mehr ich lebe«, bekennt der Apostel Paulus, »sondern Christus lebt in mir« (Gal 2,20).

Das ist jene wunderbare Möglichkeit, welche die *Realpräsenz Christi* mit sich bringt, die durch die Taufe und andere Sakramente in unsere Existenz eingeflößt, inkarniert wird: Unser kleines egoistisches Ich geht zugrunde und wir können den Schwerpunkt unseres Lebens viel tiefer legen: Christus wird zum Selbst unseres Ichs.

Das ist die Wirklichkeit, auf die wir uns fest stützen können. Martin Luther, der große Zeuge Christi, rief in den Momenten der größten Versuchungen aus: »Ich bin getauft!« Das bedeutet: die Mächte des Bösen haben kein Recht auf mich, ich gehöre Christus, ich bin erlöst. Der Begriff »Erlösung« ist eine Metapher, die aus der Praxis des Auslösens von Sklaven übernommen wurde: Erlösung bedeutet eine Befreiung, das Ende der Sklaverei. »Ich bin getauft!«, ich bin Christ, bedeutet also: Ich bin kein Sklave, ich bin frei!

***

Ich muss zugestehen, dass ich für eine gewisse Zeit diejenigen beneidet habe, die ich als Erwachsene nach einer verhältnismäßig langen Zeit der katechetischen Vorbereitung getauft habe, während ich selbst als Baby getauft wurde, das überhaupt nicht ahnt, was mit ihm bei der Taufe geschieht. In einem Moment leuchtete mir jedoch eine Antwort auf: Ist nicht auch alles das, was die erwachsenen Katechumenen von der theologischen Bedeutung der Taufe wissen, nur ein winziger Anfang? Stehen wir nicht alle erst an der Schwelle zu verstehen, was es bedeutet, ein Christ zu sein?

Die Taufe ist ein dynamisches Sakrament: Sie erschöpft sich nicht mit dem Augenblick, in dem der Taufritus vollzogen wird. Das, was die Taufe bewirkt, wird in alle Dimensionen unserer Existenz ausgegossen und kann von uns an jedem Punkt unseres Lebensweges, an dem wir das Sakrament empfangen, immer neu und voller entdeckt und erlebt werden. Davon zeugt auch die Praxis der Tauferneuerung bei der alljährlichen Liturgie der Osternacht.

Predigt zum Fest der Taufe des Herrn

Die Taufe ist nach der Kirchenlehre *signum indelibilis*, ein unauslöschliches Zeichen, dass wir für alle Zeiten Christus angehören. Selbst wer sich auf seinem Lebensweg radikal von Christus und seinem Evangelium entfernt hat, kann zur Wirklichkeit seiner Taufe als zu einer unerschütterlichen, unauslöschlichen Wirklichkeit zurückkehren: Er kann unter allen Schichten jene innere Quelle freilegen, die niemals versiegt. Angesichts aller Anstürme des Bösen, aller Schmerzen, aller Versuchungen der Angst, aller Mächte, die uns unserer Freiheit und Würde berauben wollten, kann er ein Wort voller Hoffnung und Kraft sprechen: Ich bin getauft. Christus lebt und wirkt in mir.

Bestimmt könnte ich Vieles davon, was ich tue, auch als Ungetaufter machen: Ich könnte studieren, schreiben, Vorträge halten, lehren, Menschen beraten und ihnen helfen und viele weitere Tätigkeiten ausüben, die mein Leben seit Jahren erfüllen. Viele Nichtchristen tun etwas Ähnliches, und viele von ihnen machen es sicher besser als ich. Ich kann jedoch die Erfahrung nicht leugnen, dass, wenn ich auf äußere und innere Hindernisse stoße, wenn ich Prüfungen und »dunklen Nächten« ausgesetzt bin, wenn ich müde, enttäuscht oder im Zweifel bin, die Quelle einer inneren Erneuerung für mich jener verborgene Fluss ist, der mein Leben durchfließt und aus meiner Verbindung mit Christus im Sakrament der Taufe entspringt. Diese Verbindung ist ein Geschenk, das man aus freien Stücken bekommt, ein Geschenk, das das Leben und Wirken eines Christen in ein Geschenk für andere verwandelt. Schätzen wir es und behüten wir es.

Amen.

Das neue Standardwerk:
Tomáš Halíks Opus magnum

320 Seiten | Gebunden mit
Schutzumschlag
ISBN 978-3-451-03355-1

In seinem wichtigsten Werk analysiert Tomáš Halík die aktuelle Lage des Christentums und der Kirchen, kritisiert Klerikalismus, Isolationismus und Provinzialismus in der Gesellschaft. Er zeigt neue Möglichkeiten auf, zu einem reiferen Christentum zu kommen, das endlich seine Bestimmung für die Welt erfüllt.

In jeder Buchhandlung!

HERDER

www.herder.de

Leere Kirchen – auch nach dem Lockdown?

208 Seiten I Gebunden mit Schutzumschlag
ISBN 978-3-451-38994-8

Corona – eine Strafe Gottes? Auf keinen Fall, meint Tomáš Halík und bietet eine Deutung der Pandemie, die den Glauben ebenso berücksichtigt wie die Vernunft. Er sieht in den Ereignissen von 2020 eine Warnung: Die leeren Kirchen während des Lockdowns könnten zum Sinnbild für die nahe Zukunft der Kirche werden. Damit dies nicht geschieht, gilt es, beherzt Abschied zu nehmen von allem, was nicht mehr trägt. Ein Buch, das nichts beschönigt und gerade deshalb Hoffnung macht.

In jeder Buchhandlung!

HERDER   www.herder.de